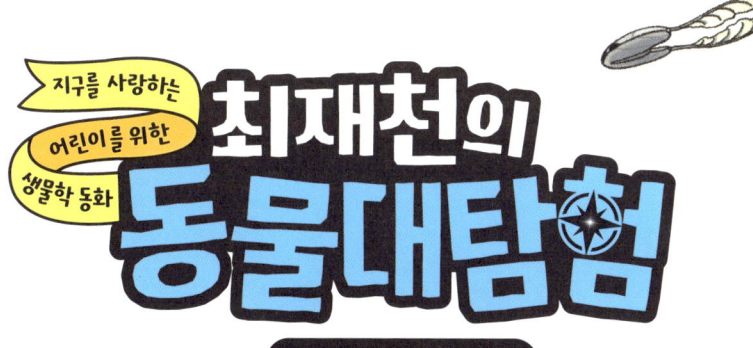

최재천의 동물대탐험

지구를 사랑하는 어린이를 위한 생물학 동화

1. 비글호의 푸른 유령

최재천 기획 · 황혜영 글 · 박현미 그림 · 안선영 해설

서문

저는 어려서 타잔을 흠모했습니다. 그림처럼 황홀한 숲속 트리 하우스에 살며 배고프면 그저 손 뻗어 바나나를 따 먹고, 땀 나면 호수에 풍덩, 위험하면 두 손 모아 "아아~아아~" 부르면 코끼리 떼가 달려오고 천국이 따로 없어 보였습니다. 하지만 타잔 동네는 비행기를 타고 가야 하는 아주 먼 열대 정글이라는 사실을 알아내곤 저는 깊은 실망에 빠졌습니다. 그러던 어느 날 《허클베리 핀의 모험》을 읽고는 뗏목을 만들어 강을 따라 여행하며 모험을 즐기고 싶었습니다. 하지만 저는 주정뱅이 아버지 슬하에서 크는 것도 아니어서 딱히 가출할 명분이 없었습니다. 그래서 선택한 제 삶은 말하자면 《톰 소여의 모험》이었습니다.

학교가 파하면 동네 아이들은 언제나 우리 집 대문 앞으로 모여들었습니다. 제가 나와 '오늘의 놀이'를 정해 줘야 드디어 동네가 활기를 띠기 시작했습니다. 다방구, 말뚝박기, 망까기, 기마전, 술래잡기, 무궁화꽃이피었습니다 등등. 이렇게 적어 놓고 보니 퍽 다양한 것처럼 보이지만 허구한 날 비슷비슷한 놀이를 반복하는 게 지겨워 저는 자주 놀이의 규칙을 조금씩 바꾸곤 했습니다. 그러다 보면 이웃 동네 아이들이 하는 놀이와는 상당히 다른 우리들만의 놀이가 탄생하기도 했습니다. 제가 생물학자가 되지 않았더라면 지금쯤 어쩌면 게임 회사를 차려 거부가 되었을지도 모릅니다.

돌이켜 보면 그때 우리는 비록 풍족하지는 않았지만 즐거웠던 것 같습니다. 동네 구석구석이 지저분하고 오물 냄새도 진동했지만 조금만 벗어나면 공터도 있고 개천도 흘렀습니다. 조금 헐벗었지만 제법 풋풋한 자연이 우리 곁에 있었습니다. 친구들과 몰려다니며 올챙이, 방아깨비, 풀무치도 잡고, 동네를 돌며 거미줄을 잔뜩 모아 그걸로 잠자리도 잡곤 했습니다. 이 지구 생태계를 공유하고 사는 다른 생명들과 함께 부대끼며 살았습니다.

그런데 지금 우리 아이들은 자연과 철저하게 격리된 삶을 살고 있습니다. 게다가 코로나19 팬데믹으로 인해 그나마 간간이 엄마 아빠와 함께 가던 동물원, 식물원 그리고 바닷가도 마음 놓고 가 보지 못했습니다. 전염병 전문가들의 예측에 따르면 우리 인간이 자연과의 관계를 제대로 정립하지 않으면 앞으로 팬데믹과 같은 재앙을 점점 더 자주 겪게 될 것이랍니다. 우리 아이들이 이담에 커서 안정적인 직장을 갖고 편안하게 살아가려면 이른바 '국영수' 공부도 중요하겠지요. 그러나 만물의 영장이라고 거들먹거리던 우리는 이번에 삶과 죽음의 갈림길에 던져졌습니다. 과학 문명의 시대에 어떻게 이런 일이 일어났을까요? 우리는 이번에 분명히 배웠습니다. 아무리 과학기술이 발달해도 기후 변화가 멈추지 않는 한 우리는 앞으로 종종 죽고사는 문제에 부딪히고 말 것이라는 사실을.

공교육이라면 당연히 국영수만 가르칠 게 아니라 자연에 대한 감수성도 키워 줘야 하지만, 그걸 넋 놓고 기다릴 수 없어 제가 이번에 《최재천의 동물 대탐험》이라는 동화 시리즈를 기획했습니다. 저는 평소에 늘 "배우는 줄도 모르며 즐기다 보니 어느덧 배웠더라" 하는 교육이 가장 훌륭한 교육이라고 떠들어 왔습니다. 그냥 흥미로워서 읽다 보면 저절로 우리와 함께 이 지구에 살고 있는 동물들에 대해서 알게 되고 자연스레 자연의 섭리도 깨우쳐 보다 현명한 사람으로 성장하리라 기대합니다.

첫 호에서는 자연에서 벌어지는 현상 중에 가장 신비로운 의태(흉내 내기)에 대해 알아봅니다. 주변의 나뭇잎과 분간하기 어려우리 만치 흡사한 날개를 가진 베짱이를 본 적이 있나요? 어떤 베짱이는 주변의 다른 이파리들이 벌레 먹어 군데군데 누렇게 변할 것을 예상이라도 한 듯 날개에 벌레가 파먹은 흔적 같은 무늬도 갖고 있습니다. 자연은 어떻게 이토록 신비로울 수 있는지
저 개미박사와 함께 비글호를 타고 탐사 여행을 떠나 봅시다.
철컥! 안전벨트가 채워졌습니다. 부르르르르르르르.

등장인물

개미박사

어느 날 이상한 저택에 이사 온 수수께끼 같은 박사. 수상한 생체 실험을 벌인다는 소문이 있지만, 사실은 동물의 생태와 행동을 연구하는 생태학자이자 동물행동학자다. 닥스훈트 '강치', '제비'와 평화로운 시간을 보내다가도, 정글에 도착하면 종횡무진 활약한다.

다윈박사

인공 지능 인격체이자 '비글호'의 메인 프로그램. 약 200년 전 살았던 과학자 '찰스 다윈'의 인격과 지식을 바탕으로 만들어졌다. 목소리와 색깔을 자유자재로 바꿀 수 있지만, 홀로그램 장치에 갇혀 산다. 방대한 지식의 데이터베이스로 비글호 항해에 도움을 준다.

호야

호기심 많고 똑똑한 10살 소년. 곤충에 푹 빠져 있다. 공부는 지겨워하지만, 책 읽는 건 좋아한다. 지는 것을 싫어해서 지식인 내공왕 타이틀을 두고, '비글1831'과 밤마다 경쟁 중이다.

와니

만화와 모험을 사랑하는 자유분방한 10살 소년. 홈스쿨링을 하고 있어 친구들이 부러워하지만, 트리 하우스 수리도 해야 하고, 애완까치 '핀'도 돌봐야 해서 나름 무척 바쁘다.

미리

동물을 사랑하고 환경 보호에 앞장서는 11살 소녀. 살아 있는 모든 것을 사랑하고, 동물과 대화하기를 즐긴다. 쓰레기장에서 주워 온 삼색 고양이 '로로'는 영혼의 단짝 친구다.

아라

미리의 동생이자 씩씩한 10살 소녀. 태권도 유단자로 친구들의 보디가드를 자처하지만, 마음은 무척 여리다. 동네 공원을 헤매던 거북이 '구복이'를 구조해서 돌보는 중인데, 계속 몸집이 커져서 불안하기만 하다.

차례

- 서문 4
- 등장인물 6

프롤로그 10
1. 트리 하우스 16
2. 이상한 저택 30
3. 비글호 50
4. 비밀의 방 62

프롤로그

둘이었기에 망정이지, 혼자였다면 그냥 꿈을 꾼 거라고 착각했을 거다.

아라와 미리는 뭐든 함께 하는 사이좋은 자매였다. 아라가 언니를 너무 좋아해서 쫄쫄 쫓아다니는 거였지만.

"오늘은 연못을 한 바퀴 돌면서 쓰레기를 줍는 거야."

환경과 자연 보호에 관심이 많은 미리는 슬로우 회원이 되기 위해 동네 쓰레기 줍기나 다람쥐 보호 활동 등을 했다. 사실 아라는 쓰레기 줍는 시늉만 하면서 다람쥐를 쫓아가거나 연못에 날아온 흰뺨검둥오리랑 놀았지만 말이다.

해가 뉘엿뉘엿 기울고 있었다. 밖에 나와 놀던 아이들은 집으로 돌아간 지 오래고, 가끔 자전거를 타고 지나는 어른들뿐이었다. 미리는 기다란 뜰채로 누군가 연못에 버린 페트병을 꺼내려고 애쓰는 중이었다.

"누가 이런 데까지 쓰레기를 버린 거야."

철퍽, 철퍽, 빙그르르….

바람결에 페트병은 더 멀리 떠내려가고 뜰채는 빈 물살만 잡아 올릴 뿐 허탕이었다.

"저기 봐. 누가 쓰레기를 다 주워 놨어!"

아라가 가리킨 구석에는 연못 위를 떠다니던 빈 페트병, 비닐봉지, 플라스틱병들이 가지런히 놓여 있었다. 누군가 소리 없이 쓰레기를 건진 것이 분명했다.

"연못에 청소 요정이라도 사는 걸까?"

미리가 키득대며 기뻐했다.

그때였다.

슈르르르륵, 첨벙!

청소 요정이라는 말이 끝나기가 무섭게 연못 위로 정체불명의 무언가가 솟구쳐 올랐다. 연잎과 덩굴줄기와 이끼를 뒤집어쓴 거무죽죽한 그림자가.

"으아아아아악! 괴물이다!"

아라가 비명을 질렀다. 미리는 동생을 꼭 껴안고 부들부들 떨었다.

"저게 대체 뭐지?"

"연못에 왜 저런 게 살아?"

초록 괴물은 이미 쿨렁쿨렁 큰 물결을 그리며 반대편으로 헤엄쳐 가는 중이었다.

"저런 생물 본 적 있어?"

온몸은 두꺼운 검은 가죽으로 덮여 있었고 목에는 도마뱀처럼 초록 깃이 돋아 있었다. 눈알은 부리부리한 게 퉁방울 같았고, 머리에는 날카로운 작은 뿔들이 해초처럼 엉켜 있었다.

"대체 뭘까? 산에서 내려온 들짐승? 연못에 사는 괴물?"

"돌연변이?"

"설마, 도깨비?"

"아냐, 아냐. 아무래도 환상 동물 같아. 네스호 괴물 같은 거 있잖아."

아라와 미리는 방금 본 정체불명 괴물에 대해 열심히 이야기했다. 얘기를 나눌수록 점점 더 미궁에 빠지기는 했지만, 어쨌든 최선을 다해 알아내려고 했다. 조각난 정보들을 조합해 봐도 그게 뭔지 전혀 종잡을 수 없었다. 어쩐지 으스스해져서 두 아이는 서둘러 집으로 향했다.

절벅, 절벅, 절벅, 스르륵….

바로 몇 걸음 뒤에서 물에 젖은 수상한 발자국이 아이들을 천천히 따라가고 있었다.

스르륵, 스르륵, 탁…!

다행스럽게도 그 수상한 발자국은 갈림길에서 잠시 망설이다가 조용히 숲으로 사라졌다.

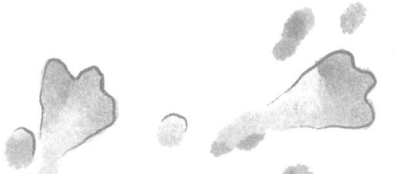

1.
트리 하우스

요즘 호야는 기분이 좋지 않다. 솔직히 화가 나서 견딜 수가 없다.

호야 스스로 가장 자랑스러워하는 건 수학 경진대회 메달도, 독서왕 상장도, 태권도 품띠 기념사진도 아니었다.

바로 인터넷 곤충 질문방의 내공왕 타이틀이었다. 호야가 곤충 분야 내공왕이라는 사실은 아무도 몰랐다. 호야 자신만 뿌듯하고 자랑스러워 하는 중이었다. 거기서는 누구도 호야가 아이인 줄 몰랐다.

내공왕 타이틀을 지키기 위해 호야는 열심히 책도 읽고 영상도 보고 직접 곤충을 기르고 돌보면서 새로운 지식을 계속 쌓아 나갔다.

그런데 얼마 전부터 호야의 신경을 거슬리게 하는 녀석이 나타났다. 호야가 학교에 붙들려 수업을 받는 동안 이 녀석은 틈만 나면 나타나 잽싸게 모든 내공을 냠냠 먹어 치웠다. 호야의 내공을 가로채 버리는 거다!

비글1831

유치하기 짝이 없는 아이디였다. 분명히 핸드폰 뒷자리가 1831이거나 1831호에 사는 따분한 녀석이겠지. 못생긴 비글 강아지를 키울 거라는 생각도 들었다.

그런데 이 녀석, 띄어쓰기며 맞춤법이 정확했다. 대답도 확실하고 간결하다. 게다가 거의 24시간 미친 듯한 속도로 폭풍 답변 중이다. 애는 잠도 안 자나?

호야 것이 될 예정이던 내공들이 미친 듯이 녀석의 배 속으로 사라지고 있었다.

결국, 호야는 '비글1831'에게 내공왕 자리를 내주고 말았다. 3일 전 일이었다. 설마설마했지만 막상 내공왕 타이틀을 빼앗

기고 나니, 머리를 한 대 얻어맞은 것 같은 충격이 밀려왔다.

'너 님 누군데 아는 척하심? 벌레 좀 아시나 봄?'

호야는 참지 못하고 '비글1831'에게 댓글을 달았다. 지금껏 호야는 악플을 단 적이 한 번도 없었다. 열등감과 질투심 같은 감정도 처음이었다.

시간이 지나자 후회가 밀려왔다. 결국, 댓글을 지우려고 다시 창을 열었다. 그런데 이게 뭐야! 호야는 깜짝 놀라 눈을 비볐다. 호야의 댓글에 대댓글이 달려 있었다.

'ㅋㅋㅋ 좀 압니다만.'

건방진 녀석! 기필코 너를 만나 코를 납작하게 해 주리라.

딩동.

그때, 메시지가 도착했다.

 30분 뒤 트리 하우스로. 요즘 우리 동네에서 벌어지고 있는 '수상한 사건들' 관련. 범인을 잡자.

트리 하우스 주인 와니에게서 온 메시지였다.

와니가 누구냐 하면….

와니는 친구들 사이에서 허클베리 핀으로 통한다. 와니네 집은 깜짝 놀랄 만큼 자유로운 분위기다. 홈스쿨링을 핑계로 자기 시간을 마음껏 누린다.

친구들이 학교와 학원을 시곗바늘처럼 오갈 때 와니가 열중한 것들의 목록은 다음과 같다.

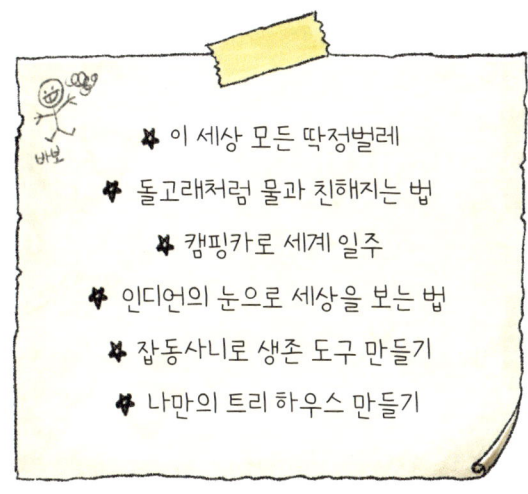

그랬다. 나만의 트리 하우스 만들기. 그 수업이 와니에게 무슨 바람을 불어넣었는지 모르지만, 자기만의 나무집을 짓겠다며 친구들을 꼬드겨 온 동네를 들쑤시고 다니던 게 1년 전이다.

"우리한테는 햇빛과 바람과 계절이 가득한 나무집이 필요해."

짜잔! 그렇게 와니는 친구들과 함께 트리 하우스를 완성했다.

이제 아이들에게는 그들만의 공간이 생겼다. 약속 없이 아무 때나 찾아가도 늘 친구를 만날 수 있는 그런 곳 말이다. 와니는 그날의 해야 할 일을 마치고 나면, 늘 트리 하우스로 달려가곤 했다. 와니의 단짝 친구이자, 트리 하우스 지킴이 '핀'을 만나기 위해서.

아차차, 핀이 누구냐고?

세상 사나운 참견쟁이에다가 맘에 안 들면 가차 없이 아무 데나 똥을 갈겨 대는 까칠한 까치다. 그러나 와니 형에게만은 늘 진심인 녀석.

깃털도 없이 나무 밑에서 울고 있던 녀석을 구조해 살려 낸 게 와니였다. 들리는 소문으로는 눈도 못 뜬 아기 까치에게 굼벵이를 씹어 먹였다던데…. 우웩.

믿거나 말거나. 어쨌거나 둘은 영혼의 단짝이었다.

호야와 와니, 미리와 아라네 집은 서로 한달음이면 달려갈 수 있다. 동네 가운데에는 작은 호수가 있고, 낮은 구릉 같은 산이 마을을 빙 둘러싸고 있었다.

옹기종기 나란히 줄지어 있는 집들을 지나면 나지막한 산으로 이어지는 숲이 나오는데, 아이들은 이곳을 '회색숲'이라고 불렀다. 왜 그런 이름이 붙었는지, 누가 붙였는지 모르지만, 그냥 딱 보면 회색숲 같으니까 별 불만은 없었다.

회색숲에서 종일 놀다가 배가 고프면 트리 하우스로 가면 된다. 낙서로 가득한 낡은 상자를 열면, 그 안에는 달콤한 비스킷과 동물 모양 젤리, 입에서 톡톡 터지는 사탕과 막대 사탕, 어른들이 못 먹게 하는 탄산음료 따위가 잔뜩 있으니까. 오, 우리의 비상식량! 냠냠냠.

와니와 친구들은 그렇게 트리 하우스에 모여서 아주아주 중요한 일들을 함께하곤 했다.

그런데 오늘만큼은 아이들 모두 심각한 표정이었다.

"망원경으로 딱따구리를 보고 있었는데 갑자기 꿈틀! 낙엽 더미가 막 걸어 다니잖아. 무슨 나뭇잎 괴물 같았어."

와니가 몸서리쳤다.

"첨엔 그냥 커다란 알이구나 생각하고 지나쳤는데."

호야도 학원 가는 길에 목격한 일을 떠올리며 말했다.

"생각해 보니까 알이 커도 너무 큰 거야. 풀숲에 있더라고. 알록달록한 게 꼭 바위 같았어."

회색숲 덤불 사이에서 본 커다란 알 얘기였다.

"내가 개미굴 좋아하잖아. 그래서 한참 관찰 중이었는데…."

호야는 개미굴 앞에서 기겁했던 기억도 떠올렸다.

"갑자기 옆에서 스르륵! 풀숲이 움직이는 거 있지?"

이번에는 스르륵 저절로 이동하는 이끼 숲 이야기였다.

"땅이 옆으로 움직였다고? 그럴 리가."

"우리 둘이 똑똑히 봤는데, 우리 동네 연못에 이상한 괴물이 있다고!"

검푸른 그림자가 물살을 가르며 사라지는 모습을 떠올리자 소름이 끼쳤다.

"울퉁불퉁 두꺼운 가죽에 덮혀 있는데 눈알이 엄청 커. 머리에는 더듬이 같은 게 마구 돋아나 있고 말이야."

아라도 맞장구쳤다.

"참, 어젯밤에 그 트럭들 봤냐? 줄지어 지나가던."

호야가 갑자기 커다란 트럭들에 관한 얘기를 꺼냈다. 나무늘보 마크가 찍힌 커다란 트레일러 트럭이, 그것도 여러 대가 줄지어 이 조용한 마을에 나타났다 사라졌다는 거다.

"어디로 갔는데?"

"그게 이상해. 다 '이상한 저택'으로 들어갔어."

"그것들이 죄다 이상한 저택으로 들어갔다고?"

이상한 저택이란 건, 말 그대로 이상하게 생겨서다. 원래는 너무 크고 낡아서 동네에서도 오랫동안 안 팔리던 집이었는데, 얼마 전부터 한참 뚝딱거리더니 멋진 곳으로 변했다. 상상해 본 적도 없는 근사한 모양이어서 이제는 아이들이 모두 그 안에 들어가고 싶어하니까.

"그런데 그 저택에서 밤마다 이상한 소리가 난다던데?"

"어떤 소리?"

"막 벅벅벅 벽을 긁는 소리. 괴상한 울음소리 같은 거."

"뭐야, 무섭게…."

"누가 갇혀 있는 거 아냐? 대체 저 안에서 무슨 일이 벌어지는 거지?"

아이들은 저마다 목격담을 내놓고 사건의 조각들을 맞추기 시작했다.

"이사 온 사람이 누군데?"

"몰라. 동물에 미친 할아버지래."

"무슨 동물? 혹시 돌연변이?"

"엄청 유명한데 이제는 일 안 한대."

"그럼 저 넓은 저택에서 하루 종일 뭐 하는데?"

"얼굴을 제대로 본 사람이 없다던데? 집에 가 보면 늘 없대."

"혹시 이상한 비밀 실험 같은 거 하는 거 아닐까?"

"생체 실험… 같은 거?"

"맞아! 사람들을 납치해서, 트럭으로!"

"그래서 우리 마을에 돌연변이들이 나타난 거야!"

잠깐, 증언과 목격담과 소문의 조각들을 조합해 보니 결론은 하나였다.

수상한 저택에 이사 온 수상한 교수가 사람들을 거대한 트레일러로 납치해서 수상한 저택의 비밀 실험실에서 생체 실험을 벌이자 끔찍한 혼종과 돌연변이 괴물들이 나타났다….

후덜덜, 이런 으스스한 결론이라니.

그때였다. 부스럭, 부스럭.

어디선가 덤불 숲이 흔들리며 뭔가 움직이는 소리가 들렸다. 그 소리에 졸고 있던 핀이 푸드덕대며 날아올랐다.

"핀, 기다려!"

핀은 순식간에 날아가 버렸다. 아이들도 정신없이 쫓아갔다. 어떤 들짐승이 나타나 핀을 채 갈지 모르니까. 특히 길고양이라면 정말이지 위험하다!

"핀, 돌아와!"

핀은 무언가를 쫓고 있었다.

"저건 대체 뭐야."

대체 저 괴상한 짐승의 정체는 뭐야. 녀석들을 놓치고 약이 잔뜩 오른 핀은 여기저기 깡충대며 뛰어다녔다. 뭔가 수상한 냄새의 흔적이라도 발견한 걸까. 그리고는 한곳에 멈춰서 까아아앝, 깟깟 우렁차게 울어댔다.

"헉헉헉, 저기로 들어가 버렸어."

네 친구는 무릎을 꿇고 옹기종기 모여 앉았다. 정체불명의 괴상한 짐승이 사라진 그곳에 덤불 사이로 아이들이 겨우 기어 갈 만한 크기의 굴이 나 있었다.

엉금엉금.

뭐가 나올지 모르는 컴컴한 굴속에 들어가는 게 겁나지 않냐고? 천만에. 핀이 곁에 있다면, 그리고 친구들과 함께라면 무서울 건 없지.

차례는 나뭇잎 줄기 뽑기로 정했다. 아라, 호야, 미리, 와니 순서다. 아이들은 기차처럼 꼬리를 물고 엉금엉금 기었다.

굴은 점점 넓어지더니 딱딱한 벽돌 바닥으로 이어졌다.

"누가 일부러 만든 통로 같아."

"이거 뭔가 흥미진진한데?"

"벽에 흐릿하게 등불도 켜져 있어."

깟깟깟까까깟, 꾸와아앝!

이런 울음소리를 들어본 적 있는가? 세상에는 말로 설명할 수 없는 게 많고, 핀이 우는 소리가 그중 하나다. 핀의 울음소리마저도 한글로 적을 수 있게 해 주신 세종대왕님께 감사의 마음을 전한다.

여하튼 핀이 와니를 찾으며 시끄럽게 울어댔다는 얘기.

"핀! 핀!"

와니는 다급하게 소리를 쫓아 달려갔다.

가여운 핀은 새똥 범벅이 된 두 마리 닥스훈트 강아지 사이에 끼여서 거침없는 침 세례를 받고 있었다. 아이들은 어처구니없는 모습에 웃음을 터트렸다.

핀을 이 이상한 장소까지 꾀어낸 덤불 속 괴생명체의 정체는… 허리는 길고, 다리는 짧은 닥스훈트 두 마리였다. 녀석들은 온통 새똥 범벅이었지만, 전혀 신경 쓰지 않는 것 같았다. 아이들을 보자 바로 일어나서 주위를 빙글빙글 돌기 시작했다. 마치 '환영해요!'라고 말하는 것처럼 말이다.

우습게도 한 녀석은 뚱뚱하고 다른 녀석은 홀쭉했다. 대문자 S자와 소문자 s자처럼. 대문자 S자와 소문자 s자 사이에 낀 핀은 침 세례를 피하려고 필사적으로 푸드덕댔지만, 소용없었다. 부루퉁한 표정이지만 굳이 쪼아대지는 않는 걸 보니 은근히 싫지는 않은 듯.

그런데 여기는 대체 어디지? 비밀 연구실처럼 보이는 방에는 난생처음 보는 희귀한 동물들의 그림이며 사진이 붙어 있고, 한쪽 구석에는 여러 장의 지도와 복잡한 기계 설계도가 빼곡하게 쌓여 있었다.

누가 먼저랄 것도 없이 아이들은 홀린 듯 방으로 들어갔다.

온통 처음 보는 신기한 것들투성이었으니까. 다들 두려움도, 걱정도 잊은 채 이것저것 만져 보기 바빴다.

"얘들아, 이것 좀 봐."

호야가 어디선가 헐렁한 얼룩말 옷을 걸치고 나타났다. 꼭 아빠의 잠옷을 빌려 입은 것 같은 모습이 우스웠다. 호야가 가리킨 옷걸이에는 괴상한 옷들이 잔뜩 걸려 있었다.

"이게 다 뭐야?"

서커스 광대 같기도 하고 가장무도회 의상 같기도 했다.

"연못에 사는 괴물이다!"

미리는 이상한 풀과 해초가 잔뜩 달린 잠수복을 흔들었다.

아이들은 이상한 옷들을 이것저것 걸쳐 보았다. 거북이 등껍질을 닮은 옷도 있었고, 알록달록 거대한 알 모양 옷, 뒤집어쓰면 감쪽같이 이끼 숲으로 변신하는 담요, 이상한 귀마개에 아가미 모양의 마스크까지! 아이들은 서로 바라보며 낄낄 웃었다.

"이거 돌연변이 괴물들 옷이잖아!"

"와, 감쪽같다."

"나 어때?"

"으하하하!"

그러다 문득 이상한 생각이 들었다.

"그럼 여기가 악당의 소굴이야?"

아라와 미리가 웃음을 거두고 서로 꼭 껴안았다.

"어쨌든 결정적인 단서를 찾은 것 같긴 해."

호야가 심각한 표정으로 중얼거렸다.

그때였다. 아이들 앞에 낯선 사람이 서 있었다.

"너희들 나를 모르겠니?"

"우리가 만난 적이 있어요?"

이렇게 말하는 할아버지의 정체는 바로….

너네 여기서 뭐하냐?

여긴 우리집인데

팔팔팔

신기한 저택에 이사 온 개미박사님이었다!

저 할아버지가 평생 개미를 연구한 박사라고? 교수님? 그냥 인자한 이웃집 할아버지 같은데?

"자 인사해야지 강치야 제비야!"

개미박사가 다정하게 이름을 부르자 두 마리 닥스훈트는 배를 보여 주며 즐거워했다.

우어어어어엉, 꾸아아아아앙….

신기하게도 이 녀석들은 멍멍멍, 왈왈왈 평범한 개처럼 짖지 않았다. 무슨 우주 괴생명체가 내는 귀여운 울음소리를 내며 목청 높여 노래했다. 아마도 박사님이 너무 좋아서 우는 거 같다.

강아지의 울음소리가 지하 실험실에 커다랗게 울려 퍼졌다. 납치된 사람들이 고통스럽게 벽을 긁으며 내는 듯한 그 이상한 소리는… 바로 두 강아지가 벽을 긁는 소리였다. 녀석들은 쿵쿵대며 짧고 뭉툭한 앞발로 흙을 파는 버릇이 있었다. 지하 실험실이라 진동이 울려 퍼졌을 뿐.

붙잡혀 온 생체 실험 피해자들이 낸다던 비명 소리는 저 닥스훈트들이 내는 소리였군. 아, 대실망.

뚱뚱한 S가 강치, 날씬한 s는 제비. 정말이지 뚱뚱한 닥스훈트 강아지는 강치를 닮았고, 날씬한 닥스훈트 강아지는 족제비를 닮았다.

"나는 생태학자이자 동물행동학자란다."

개구쟁이 할아버지, 아니 개미박사님이 자기소개를 했다.

"쉽게 말하자면 동물들을 관찰해서 그들의 생태와 행동을 연구하는 사람이지."

'그게 뭐예요?' 하는 아이들의 눈빛에 박사님이 더 쉽게 설명해 주었다.

"그럼 왜 저런 옷을 입고 돌아다닌 거예요?"

"얼마나 무서웠다고요!"

"저 옷 어디서 샀어요?"

아이들의 질문이 마구 쏟아졌다.

"자연 관찰용 위장복이라서 그렇단다. 나름 오랜 연구 끝에 전문가들이 만든 거고. 일반인은 구할 수 없어, 특수 제작된 거라."

개미박사님은 어떤 질문에든 척척 대답해 주었다.

"깜짝 놀랐잖아요. 근데 엄청 불편할 거 같은데요?"

호야가 위장복에서 팔을 빼려 낑낑대면서 물었다.

"동물을 관찰하기 위해서는 그들이 최대한 눈치채지 못해야 해. 쉽게 친해져서도 안 된단다. 그래야 동물들도 평소대로 자연스럽게 행동하지 않겠니? 있는 그대로의 관찰을 위해서 말이야. 그래서 정글에서는 며칠 동안이나 아무것도 안 하고 기다리기만 하면서 익숙해지기 위해 애쓴단다."

헐. 아무것도 안 하는 거야말로 우리들 특기인데.

"자벌레라고 나뭇가지랑 똑같이 생긴 벌레를 아니? 산에 가면 쉽게 볼 수 있는데, 나뭇가지랑 너무 비슷해서 자세히 보지 않으면 구분이 안 갈 정도지. 동물들의 흉내 내기, 자연의 위장법, 이런 걸 **의태**라고 한단다. 나도 동물을 관찰할 때면 녀석들이 눈치채지 못하도록 애쓴단다. 평생 세계 곳곳을 돌아다니면서 동물들을 관찰했거든. 그래서 동물들이 쓰는 의태의 기술을 빌려 온 거야. 저건 모두 우리 실험실에서 만든 위장복들이고."

동물 관찰하기 위해 동물을 흉내 낸다고요? 말이 되는 것 같기도 하고 아닌 것 같기도 하고.

"자, 내가 직접 보여 주마."

와, 정말이지 너무 멋지다. 그리고 재밌어! 아이들은 폭풍 질문을 쏟아 내기 시작했다.

누가 멈추라고 하지 않는다면, 아마 끝없이 질문을 했을 거다.
"일일이 대답하기에는 시간이 부족하구나."
개미박사님은 날씬한 제비를 쓰다듬으며 키득키득 웃었다.
"마침 탐사선 시험 비행을 하려던 참인데, 따라가 보겠니?"
뚱뚱한 강치는 두 발로 서서 자기도 안으라고 마구 떼를 쓰고 있었다.

"정말요?"

"탐사선이 어디 있는데요?"

뭐지? 믿을 수 없는 일이 일어나려고 하고 있었다.

"여기서 간단한 게임을 하도록 하자. 탐사선에서 각자 할 일도 정하고. 너희가 그럴 자격이 있는지 한번 시험해 보자."

"좋아요!"

"게임은 간단하게… 숨바꼭질 어떠니?"

숨바꼭질이라고요? 푸훗, 그렇게 유치한 게임을 제안하시다니요.

"몸을 숨기는 숨바꼭질 말고, 몸을 드러내고도 안 잡히는 '의태 숨바꼭질'이야. 여기 있는 재료든 회색숲의 재료든 무엇이든 이용해서 그걸로 너희 몸을 눈에 띄지 않게 감추는 것. 제일 오래 버티는 사람이 승자다."

아하, 어디 숨는 게 아니라 몸을 위장하는 새로운 숨바꼭질이네.

"이제부터 숫자를 셀 테니, 누가 제일 오래 버티나 보자꾸나. 하나, 둘, 셋!"

개미박사님이 숫자를 세기 시작하자, 신호탄을 쏜 것처럼 강치와 제비 콤비가 내달리기 시작했다.

"끌끌끌, 그 정도 위장술 갖고 누가 속아 넘어가겠냐?"

개미박사님은 순식간에 아이들을 모조리 찾아냈다. 쩝….

1등은 와니, 2등은 호야, 3등은 미리, 꼴찌는 아라였다.

개미박사님은 아이들에게 'ㅁ' 'ㅊ' 'ㅂ' 'ㅂ'이 그려진 카드를 보여 주었다.

"자, 탐사선 선원이 될 자격은 충분한 것 같구나. 그럼 1등을 한 와니부터 맘에 드는 카드를 골라 보렴."

"이게 뭐예요?"

아이들은 카드를 보려고 둥그렇게 모여들었다.

"너희들이 탐사선 안에서 선원으로서 하게 될 일들의 힌트가 적혀 있지."

"어라? 'ㅂ' 카드가 두 장인데?"

와니가 고개를 갸우뚱했다. 둘의 모양이 미묘하게 달랐지만 아무래도 상관없었다. 두 장이나 같은 카드가 있는 건, 저 두 장 중에 하나가 끝내주게 좋은 패라는 증거 아닐까?

와니는 잽싸게 'ㅂ' 카드 중 하나를 골랐다. 호야는 'ㅊ'을 미리는 'ㅁ'이 적힌 카드를 골라 가졌다. 꼴찌를 한 아라는 불만 없이 남은 'ㅂ' 카드를 가졌다.

"자, 짐은 가능한 한 가볍고 단순하게. 탐사선은 1시간 뒤 여

기서 출발한다!"

아이들은 전속력으로 집을 향해 달리기 시작했다.

3. 비글호

해가 뉘엿뉘엿 저무는 시각, 아이들은 헐레벌떡 지하 연구실로 모여들었다. 다들 제 몸집만 한 가방을 하나씩 메고 있었다.

"헥헥헥, 늦은 거 아니지?"

호야, 와니, 미리와 아라는 숨을 헐떡이며 서로의 얼굴을 바라보았다. 그중에서도 아라와 와니의 가방은 무척 컸다.

그때 지하 연구실 전체에 푸른빛의 불이 켜졌다. 어디선가 경쾌한 목소리도 들려왔다.

"비글호에 탑승하신 여러분을 환영합니다."

그 말이 신호탄이나 된 것처럼, 지이이잉 소리와 함께 연구실의 한쪽 벽면이 열리더니 환한 불이 켜진 긴 복도가 나타났다.

"우와, 이 지하 통로 정말 끝내주는데?"

호야는 마치 만화 속 주인공이 된 기분이 들었다.

"조금 전까지만 해도 사진과 그림이 잔뜩 붙어 있던 벽이었는데."

미리도 흥분하며 맞장구쳤다. 언제나 미지의 먼 곳으로 모험을 떠나는 상상을 하곤 했기 때문이다.

복도를 걸어가자 이내 공항의 입국 심사대 같은 긴 검색대가 나왔다.

"먼저 가져온 가방을 내려놔 주세요."

마치 공항 검색대처럼 AI의 친절한 목소리가 아이들을 안내해 주었다. 아이들은 조심스럽게 각자의 가방을 컨베이어 벨트에 내려놓았다. 가방이 천천히 옆으로 이동했다.

"저게 다 뭐야? 크하하."

호야가 천장을 가리키며 웃었다. 천장에서 손이 달린 여러 개의 로봇 팔이 내려와 가방을 직접 뒤지는 게 아닌가!

"당연히 탐지 카메라로 조사하는 줄 알았는데."

미리가 키득대며 웃었다. 꼭 엄마 손 같잖아?

"난 아무 잘못 없는데 왜 심장이 벌렁거리는 거야?"

와니는 가방이 무사통과되기만을 빌고 있었다. 그러나 결과는…!

"대체 기준이 뭐예요?"

"구복이랑 핀은 되고, 내 게임기는 왜 안 돼요?"

"성장기 어린이들에게는 간식이 필수라고요!"

"제 태블릿은 왜요? 저 내공 쌓아야 되는데."

와니, 호야, 미리, 아라 할 것 없이 와글와글 항의했다. 대체 이런 법이 어디 있나요? 어린이에게 너무 가혹한 것 아닌가요!

"귀엽잖아요. 귀여운 건 통과!"

AI가 냉큼 대답했다. 쓸데없이 친절해서 더 화가 나는 목소리였다.

"탐사선 내에 '스낵 코너'가 마련되어 있습니다. 간식은 그곳을 이용하면 됩니다."

오, 스낵 코너라고? 아이들은 금세 화를 누그러뜨렸다. 어쩐지 엄청나게 맛있는 과자와 간식들이 잔뜩 쌓여 있을 것만 같은 예감이 들었기 때문이다.

가방 검사가 끝나자, 이번에는 웬 공중전화 부스처럼 생긴 작은 방이 나왔다. 아이들은 영문도 모르고 한 명씩 들어갔다.

찰칵!

위에서 커다란 카메라가 아이들의 사진을 찍었다.

"아니 이런! 무방비 상태였는데 갑자기?"

"나 콧구멍 나왔어. 어쩜 좋아."

"포토샵 좀 해 주세요, 제발!"

아이들이 웅성거리는데, 이번엔 양옆에서 손가락 팔이 또 나와서 마구마구 간지럼을 태우는 거다.

"으헤헤헤헤헤… 그만! 그만!"

아이들이 정신없이 몸을 비틀며 웃음을 터뜨린 찰나,

"꿀꺽!"

새로운 로봇 팔이 나와서 순식간에 아이들의 입속에 알약을 털어 넣었다.

"열대 우림을 안전하게 탐사하기 위한 종합예방약입니다."

아니, 내가 언제 알약을 삼켰지? 쩝쩝, 달달한데? 벌꿀 맛도

나고.

"한 입만 더 주시면 안 돼요?"

그 말이 끝나기 전에 이번에는 어디선가 새로운 로봇 팔이 나왔다. 그리고는 가벼운 까치 깃털을 하나 쥐고, 간질간질 팔뚝을 문지르는 것이었다. 뭔가 시원하면서도 따뜻한 기분? 할머니가 토닥토닥 등을 쓸어 주는 느낌이 들었다.

"이상, 여러분의 안전한 탐사 여행을 위한 백신 접종이었습니다. 새롭게 개발된 백신은 바늘 대신 깃털을 사용하여 통증 대신 기분 좋은 감각을 일깨워 줍니다."

'따끔' 대신 '토닥토닥' 주삿바늘이라니, 정말이지 끝내주는 발명품이군.

"여러분 각자 여권을 챙겨 주세요."

"와니!"

"호야!"

"미리!"

"아라!"

비글호 선원을 위한 특별 여권! 앞면에는 갈색의 나무늘보 로고가, 뒷면에는 고사리가 인쇄된 풀빛 여권은 정말 멋졌다!

"탑승이 완료되었습니다. 선원 여러분, 환영합니다."

아이들이 와자지껄 떠들어대며 사방을 둘러보니 그곳은 마치 우주선 조종실 같았다.

"이곳이 비글호 조종실입니다."

아이들과 개미박사님의 조종석이 있고, 중앙에는 홀로그램용 동그란 플랫폼이 있었다.

"잠시 후, 비글호가 이륙합니다. 각자 자리에 앉아 주세요."

"이륙이라고? 우리 벌써 탐사선에 탄 거야?"
자리에 앉자마자 자동으로 철컥! 안전벨트가 채워졌다.
미처 숨을 돌릴 새도 없이, 바닥이 세게 흔들리기 시작했다.

그제야 회색숲에 완벽하게 위장되어 있던 비글호가 모습을 드러냈다. 모래밭 속에 몸을 감춘 넙치처럼 그동안 감쪽같이 덤불과 흙더미, 썩은 나무 따위로 감춰져 있던 거였다. 이렇게 멋진 21세기의 탐사선이 바로 우리 동네 한가운데, 우리가 매일 놀던 회색숲 밑바닥에 얌전히 숨어 있었다니! 그동안 매일 쿵쾅거리며 뛰고 달리고 술래잡기도 하고 흙도 파면서 놀았는데!

비글호는 우아하게 하늘로 솟아오르더니, 이윽고 소리 없이 밤하늘을 날기 시작했다. 저 아래 펼쳐진 불빛들이 마치 땅 위에 펼쳐진 은하수 같았다.

"우와, 우리 동네 좀 봐."

"사람들이 개미처럼 작게 보여."

이 모든 게 꿈이 아닐까. 아이들은 흥분과 놀라움에 어쩔 줄을 몰랐다.

"비글호가 자동 운행 모드로 전환합니다. 이제 의자에서 내려와도 좋습니다."

비글호의 AI 목소리가 부드럽게 울려 퍼졌다.

이제 아이들은 마음껏 비글호 안을 구경하며 돌아다닐 수 있었다.

"자, 비글호를 구경하고 싶었겠지? 나를 따라오렴."

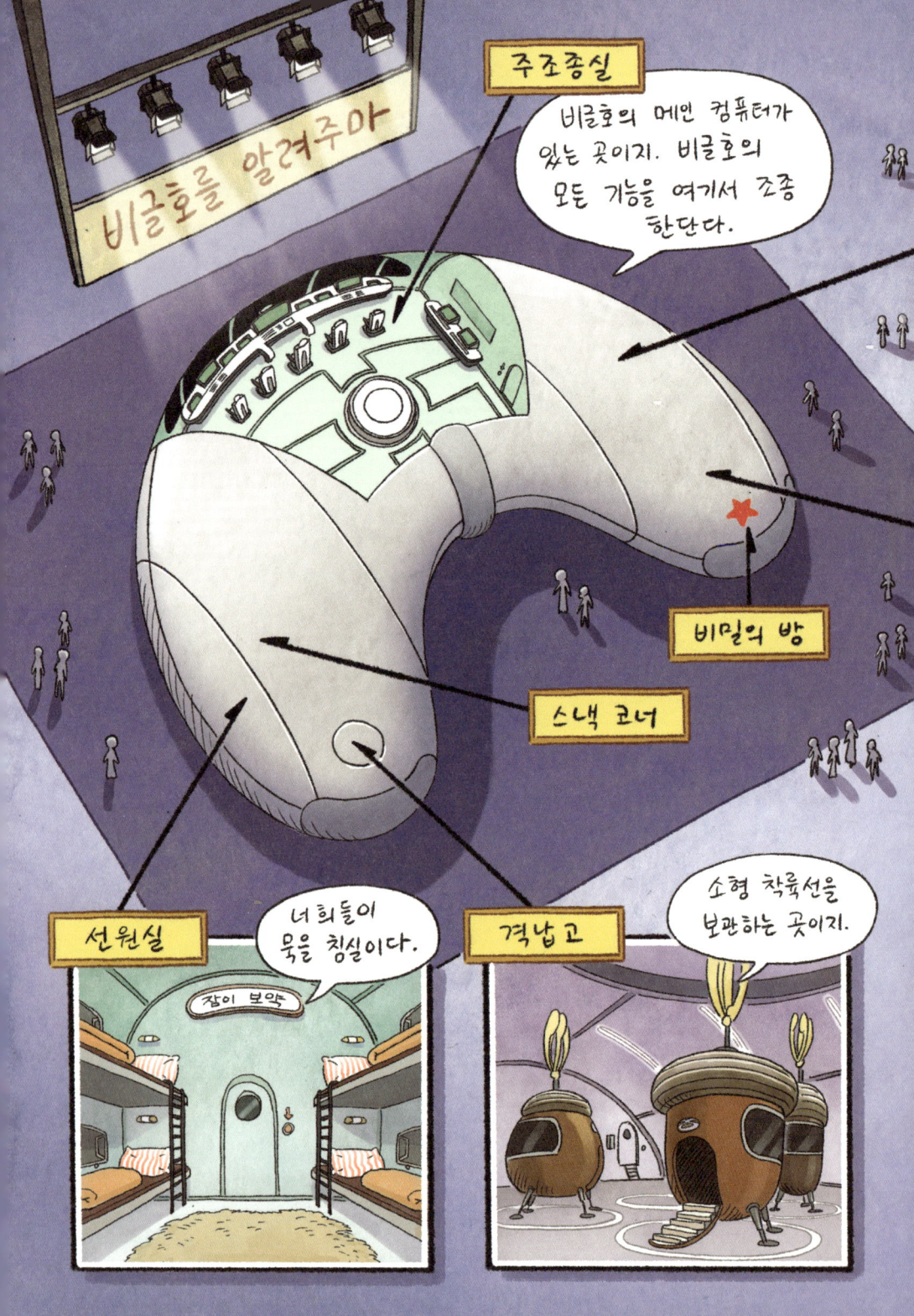

4.
비밀의 방

　작은 이층 침대가 마주 놓인 방은 꼭 기차 침대칸 같았다. 각자의 침대마다 책을 읽거나 일지를 쓸 수 있는 독서등과 책상이 달려 있고, 모든 게 작고 가볍고 쓸모 있었다. 그래서 아이들은 씻고 얌전히 침대에 누워 잘 준비를 했…을 리가 있나?
　"가슴이 너무 두근거려서 도저히 잠이 안 와. ㅎㅎㅎㅎ."
　와니는 꿈꾸던 일들이 실제로 일어나자 신기하기만 했다.
　"동물방에 어떤 아이들이 있을지 기대돼."
　미리는 제발 동물방에서 일하게 해 달라며 기도했다.
　꿱꿱, 꾸룩꾸륵, 푸드덕, 끼윽끼윽, 브르르르르….

멀리서 동물들이 내는 다양한 소리가 들려왔다. 밤이 깊어지자 소리도 서서히 잦아드는 것 같았다.

"우리 비글호 이름은 무슨 뜻이야? 진짜 비글 강아지야?"

"이렇게 큰 탐사선이 어떻게 하늘을 나는 거지?"

"내일 당장 스낵 코너부터 가 볼 거야."

모든 게 신기하기만 했다. 이런 질문에 아무 때고 대답해 줄 선생님이 있다면 얼마나 좋을까.

"비밀의 방은 대체 왜 가지 말라는 거지?"

호야는 박사님의 마지막 말이 마음에 걸렸다.

"궁금하면 따라와!"

호야의 혼잣말이 끝나기가 무섭게 와니와 아라, 미리는 손전등을 들고 호야 앞에 서 있었다. 아이들이 얌전히 잠자리에 들 거라고, 비밀의 방에 절대 가지 않을 거라고 생각했다면 그건 큰 착각이었다.

살금살금… 쉿! 조심조심….

와니와 미리를 선두로, 호야와 아라는 작은 손전등을 들고 컴컴한 복도를 살금살금 걸어갔다. 비밀의 방으로 통하는 문이 어디 있더라?

"쉿! 여기야!"

와니가 비밀의 방의 입구에서 속삭였다.

그러나 비밀의 방으로 통하는 입구는 없었다! 방문이 있었지만, 그저 페인트로 그린 가짜 문일 뿐이었고, 단단한 벽 위에 "출입 금지" 표시만 또렷했다. 아이들은 조르륵 벽에 귀를 붙였다. 사소한 실마리라도 찾고 싶어서.

"귀를 대 봐. 분명히 방 안에 뭔가 있어."

미리는 유난히 귀가 예민했다. 평소에도 동물들이 내는 사소한 소리도 잘 듣고 흉내를 내곤 했다.

우오오오오오오오오~

무언가 소름 끼치면서도 구슬픈 탄식이 안에서부터 들려왔다. 동시에

"거기 누구냐?"

하는 개미박사님의 성난 목소리가 들리더니 문이 벌컥 열렸다.

아이들은 믿을 수 없는 속도로 순식간에 사방으로 흩어졌다. 벽에 찰싹 붙은 모습이 그림자 자객들 같았다.

모두들 약속이나 한 듯이 벽에 찰싹 붙어 숨도 쉬지 않았다.

"흐으으음…."

박사님이 무서운 눈으로 복도를 두리번거리더니 다시 방 안으로 사라졌다.

"누구냐?"

타다다닥, 타다닥, 탁탁….

고요한 어둠을 깨고 들려오는 타자 소리, 시뻘겋게 충혈된 눈, 푸르스름한 조명, 긴 잠옷을 스르륵 끌면서 방으로 빨려 들어가듯이 사라지는 모습이 마치 유령 같았다.

혹시… 비글호의 유령이… 박사님일까? 아이들은 꽁지 빠지게 오던 길을 달려 침실로 돌아왔다. 다들 이불을 뒤집어쓰고 부들부들 떨었다.

대체 저 벽 뒤에 뭐가 있는 거야!

다음 날이 밝았다. 광합성을 하기 위해 천천히 두 날개를 펼쳤다. 이제 곧 태양 빛을 받아 에너지 변환을 시작할 것이다. 그동안 비글호는 날개를 활짝 펴고 바람에만 의지해 하늘 위를 유유히 떠다녔다.

하늘에서 바라본 세상은 정말이지 끝내주게 멋있었다!

비글호

단풍나무 씨앗을 모방. 이륙 때는 똥 연료를 변환한 에너지를 사용. 햇빛이 좋으면 날개가 돋아나고 태양광 패널을 이용해 에너지 충전. 날개는 태양 에너지판, 배의 돛, 광합성 모두 가능.

MENU

1인 1메뉴

메뉴는 주방장 기분에 따라 수시로 바뀔 수 있습니다.
비글호에서는 오직 유기농 친환경 재료만을 고집합니다. 아닐 시 주방장 단두대행! 맛은 책임 못 짐.
그러나 재미는 있는 맛! 자연에 보탬이 되고, 내 몸에는 힘이 되는, 건강하지 않으면
차라리 굶겠다는 정신으로 만듭니다.

 ## 식사

 ## 음료

HOT!
- 텔레비전에내가나왔네 피자
- 얼렁뚱땅무지개 스파게티
- 오호호축제로구나 왕만두
- 불좀꺼줄래요 햄버거
- 달려라삼총사 김밥

- 수상한 초록 주스
- 고요한 보라 주스
- 시끄러운 빨강 주스
- 졸린 노랑 주스
- 우울한 파랑 주스
- 제발먹지마 점박이 주스

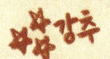 강추

 +사이드 메뉴

- 오!뚜라미 튀김
- 앗!뚜기 구이(할인 중!)
- ✦ + 포도당 사탕은 무제한 제공.
- + 빈 바구니를 가져오면 리필해 드립니다!

비글호의 순수 유기농 친환경 식단에 익숙하지 않은 분들은 약간의 알레르기
반응이 일어날 수 있습니다. 알레르기 반응은 5분 정도 지속됩니다···.

"비글호 선원들은 식당으로 모이세요. 아침 식사가 준비되었습니다."

세상에 이렇게 반가운 목소리가 있을까? 아침 메뉴는 뭘까? 우당탕탕, 아이들은 경쟁이라도 하듯 식당으로 달려갔다.

"와, 어떡하지? 다 먹어 보고 싶어."
"우리 각자 다른 걸로 시켜서 나눠 먹자!"

평소엔 늘 티격태격 싸우기 바쁜 친구들이지만 이번에는 빛의 속도로 의견이 일치했다. 좋아, 하나씩 다 시키는 거야.

"텔레비전에내가나왔네 피자랑 초록 주스요."
"난 얼렁뚱땅무지개 스파게티랑 빨강 주스 먹을래."
"그럼 나는 불좀꺼줄래요 햄버거 주문할게. 음료는 노랑 주스 주세요."
"달려라삼총사 김밥도 하나 시키자. 그리고 점박이 주스!"
"오!뚜라미 튀김이랑 앗!뚜기 구이도 하나씩 주세요."

아이들은 신나게 먹고 싶은 것들을 주문했다. 이렇게 손발이 척척 맞을 수가!

주문 로봇이 꼼꼼히 메뉴를 입력하더니, 주방장 로봇에게 전달해 주었다. 이제 기다리기만 하면 된다.

"자, 밥은 맛있게 먹었니?"

모두들 와구와구 맛있는 아침을 먹고 나자, 개미박사님이 나타났다.

"앗, 네 얼굴이? 으하하하…."

"넌 혓바닥이 왜 그래? 하하하…."

아이들은 서로의 얼굴을 바라보며 배꼽을 쥐고 웃었다.

아까는 보이지 않던 메뉴판의 깨알 같은 글씨가 그제야 보였다!

"비글호의 순수 유기농 친환경 식단에 익숙하지 않은 분들은 약간의 알레르기 반응이 일어날 수 있습니다. 알레르기 반응은 5분 정도 지속됩니다."

아니 이게 뭐야, 그런데….

"으하하하하… 너 얼굴이 너무 웃겨!"

초록 주스를 먹은 미리는 얼굴이 초록색으로 변했다.

"너 오이 같아! 으히히히….."

점박이 주스를 먹은 와니는 점박이로 변했다.

"달마시안 강아지 같은 게!"

노랑 주스를 먹은 아라는 구복이랑 꾸벅꾸벅 졸고 있었다.

"왜 이렇게 졸리지?"

호야는 빨강 주스를 먹더니 평소와는 다르게 마구 떠드는 중이었다.

"개미 사회는 계급사회인데 말이야… 냄새로 서로를 구별하는데… 어쩌구 저쩌구….."

무려 5분 동안이나 이 우스꽝스러운 소동은 계속되었다.

"그럼 이제 맡은 일을 시작하자꾸나."

어젯밤 그 소동이 있었는데도 개미박사님은 아무 내색도 하지 않았다. 그래서 더 수상했다. 박사님은 평소와 다름없이 쾌활한 목소리로 비글호 선원이 할 일에 대해 설명해 주었다. 아이들이 뽑았던 한글 자음 카드의 정체가 밝혀지는 순간이 온 것이다!

두구두구두구….

긴장감을 높이기 위해 등수와는 상관없이 카드에 적힌 임무를 공개하기로 했다.

"3등 미리! 나오세요."

미리가 'ㅁ' 카드를 내밀고, '물 당번' 명찰을 받았다.

오호호, 'ㅁ'이 물 당번이라고? 한글 자음이 힌트였구나.

"너의 임무는 비글호의 제로 웨이스트 시스템을 통해 생산된

청정수를 관리하고, 동식물방에 물을 공급하는 일이란다."

개미박사님은 미리가 해야 할 일에 대해 알려 주었다.

"우와, 너무 맘에 들어요!"

미리는 물 당번이 된 것이 정말 좋았다.

'ㅊ' 카드를 내미는 순간, 2등을 한 호야의 가슴은 마구 쿵쾅거렸다. 'ㅊ'은 대체 뭘까?

"너는 '책 당번'이다. 책 당번은 비글호의 메인 컴퓨터에 새롭게 수집된 정보들을 관리하고, 그날의 항해일지와 탐사일지를 기록하는 임무지. 너 공부 좋아하니?"

개미박사님은 눈을 반짝이며 물었다.

"호야는 맨날 1등이에요! 공부도 별로 안 하는데."

아라가 자랑스럽다는 듯 대신 대답했다.

"공부하는 건 별론데, 책 읽는 거 좋아해요."

호야는 수줍게 대답했다.

아라와 와니는 얼핏 똑같아 보이는 'ㅂ' 카드를 들고 기대에 부풀어 있었다.

와니는 1등이고, 아라는 꼴등인데, 우리 임무는 대체 뭘까? 'ㅂ'이 둘이나 되다니 대체 무슨 단어일까? 불? 발? 북? 벌? 모르겠다, 모르겠어.

"아라는 꼴등이고, 와니는 1등이구나. 그럼 4등 아라부터."

개미박사님은 아라와 와니를 번갈아 보면서 키득거렸다. 대체 왜 저렇게 좋아하시지?

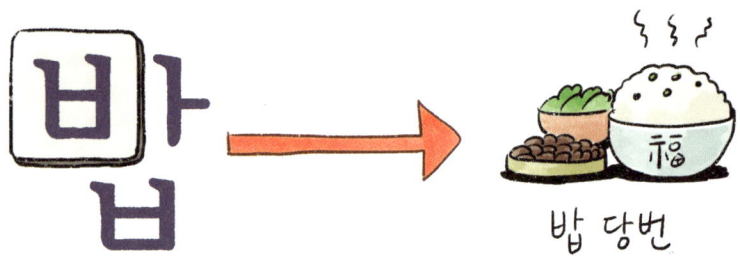

"아라는 '밥 당번'이구나!"

박사님은 아라에게 '밥 당번' 명찰을 걸어 주었다. 와, 밥 당번? 끝내주는데?

"밥 당번이 하는 일은 비글호의 제로 웨이스트 시스템에서 생산되는 포도당 캔디를 관리하고, 동식물방 식구들에게 먹이를 주는 거다. 힘들지만, 재미있을 거야. 동물들이랑 친구도 하고."

"앗, 감사합니다."

아라는 제가 맡은 일이 썩 마음에 들었다.

휴, 꼴등이라서 걱정했는데 정말 다행이야.

"동물들 밥 주는 거 정말 좋아해요."

드디어 1등을 한 와니만 남았다. 아이들 모두 비글호의 정식 선원이 되어 정보를 관리하고, 동식물방에서 일하고, 제로 웨이스트 시스템을 조종하는 것 같은 멋들어진 일을 하게 된 거다. 이게 꿈이 아닐까? 그렇다면, 1등은 얼마나 근사한 일일까? 아이들 모두 기대에 부풀었다. 그중에서도 제일 흥분한 건 당연히 와니였다.

두구두구두구… 1등 와니의 임무는…!

"헐… 이게 대체 뭐야?!"

와니는 눈물이 날 것만 같았다. 아니 정말 또르르, 사나이의 뺨 위로 눈물이 방울방울 굴러떨어졌다고!

"'ㅂ'이 아니고 'ㅍ'이라고요?"

그게 무슨 뜻이냐면….

와니가 고른 'ㅂ' 카드는 사실 옆으로 90도 기울어진 'ㅍ'이었다.

"그렇지. 아무렴 내가 똑같은 자음 카드를 줬겠니?"

개미박사님은 큭큭대며 즐거워했다. 아니 그건 그렇다 쳐도….

'똥 당번'.

와니는 제 눈을 비비며 몇 번이나 확인했다. 차라리 꿈이라고 해 주세요.

그건 '똥 당번'이라는 명찰이었다!

"비글호를 위해 가장 중요한 임무를 맡게 된 걸 축하한다. '똥 당번'은 제로 웨이스트 시스템 제어실에서 수집된 똥들을 에너지로 변환시키는 일이야."

"똥 당번이라니, 똥이라니. 크흐흐흡."

와니는 울상이었지만, 개미박사님은 은근히 웃음을 참는 것처럼 보이는 건 아마도 기분 탓이겠지?

"와, 신기해. 비글호가 날기만 했을 뿐인데 그걸로 포도당 사탕을 만든다고?"

아라는 바구니에 수북하게 쌓인 무지갯빛 포도당 사탕을 보며 즐거워했다.

"내가 이렇게 쓸모 있고 예쁜 사탕들을 만들었다니, 감동이야!"

아라는 어디서나 작은 즐거움을 찾는 걸 좋아하는 아이였다.

"아라야, 한순간의 뽑기로 이렇게 운명이 갈리는 거 너무 잔인하다고 생각하지 않냐? 나랑 항의하러 안 갈래?"

와니는 아라를 꼬드기기 시작했다.

비글호에 탑승했던 기쁨도 잠시, 계속 똥 당번으로 살다가는 언젠가 내 코가 마비되어 버릴지도 몰라. 내 몸이 온통 똥 냄새로 물들어 버릴 거야. 그래, 좋아. 아이들을 내 편으로 만들어서 개미박사님께 정식으로 항의하러 가는 거야!

"글쎄, 난 포도당 사탕 만드는 일 나쁘지 않은데…."

아라는 어째야 좋을지 몰랐다.

"어린이에게 너무 심한 노동 아니냐? 야, 우리 잘만 하면 이번 참에 단식 투쟁도 할 수 있어!"

와니는 끈질기게 아라를 졸랐다. 제발 똥 당번에서 벗어날

미리 물당번

호야 책당번

아라 밥당번 | 와니 똥당번

81

수만 있다면.

"뭐? 단식 투쟁? 어머, 재밌겠다!"

아라는 말로만 듣던 단식 투쟁이라는 걸 해 볼 기회라는 생각에 결국 와니와 함께 가기로 했다.

와니가 아라와 함께 개미박사님 방을 방문했을 때, 방에는 아무도 없었다. 날씬한 제비가 꼬랑지를 흔들면서 반갑게 달려 나왔다.

"어, 제비야? 박사님 어디 계셔?"

질문에 대답이라도 하듯 제비가 신나게 박사님의 방으로 들어갔다. 와니와 아라가 머뭇대자, 제비는 마치 '이쪽으로 와!'

하는 것처럼 그 자리에 멈췄다. 앞발 하나를 들고 입으로는 어딘가를 가리키며 그 자리에 멈춰 기다리는 모습이 꼭 뾰족한 화살표 같았다.

"제비가 뭔가 알려 주려나 봐."

아라는 용기를 내서 와니와 함께 방으로 들어갔다. 박사님 방은 정말이지 재밌는 것들투성이다! 바닥은 발 디딜 틈 없이 어지러웠지만, 동시에 뭔가 질서가 있다고나 할까.

"왁 왁 왁!"

제비는 짧게 짖었다. 마치 '여기야, 여기!'라고 말하는 듯이.

제비는 금세 어디론가 사라졌다. 놀랍게도 그게 어디였냐 하면,

"우와, 여기 이런 문이?"

와니와 아라는 깜짝 놀랐다.

개미박사님의 재미있는 형형색색의 위장복들이 걸린 옷걸이 뒤로 동그란 문이 달려 있었다. 어디론가 통하는 문이 틀림없었다. 마침 한 뼘만큼 빼꼼 열려 있었고.

"여기였어. 비밀의 방으로 통하는 입구가!"

와니가 감탄하며 속삭였다. 드디어 찾았다! 아라와 와니는 동시에 스르륵 문을 열었다. 호기심을 참지 못하고 고개를 집

어넣었는데….

"으아아아악~!"

어두컴컴한 비밀의 방 안.

움푹 파인 눈, 덥수룩한 흰 수염, 우울하고 슬픈 표정, 검정 중절모, 다리가 없이 허공을 둥둥 떠다니는 푸른 그림자! 저건…!

"우호오오오호오오오~."

그곳에 비글호의 푸른 유령이 떠다니고 있었다!

친구의 비명 소리에 호야와 미리가 헐레벌떡 달려왔다. 개미 박사님 방문은 열려 있고, 그 안에는 아무도 없었다. 박사님의 방 한쪽 벽면에는 복잡한 수식이 빼곡하게 적혀 있었다.

"이게 뭐야? 저 공식들이 다 뭐지?"

미리는 홀린 듯이 수식을 보며 중얼거렸다.

"제로 웨이스트 시스템이 작동되는 공식인가 봐."

호야가 중얼거렸다.

"비글호는… 우리 비글호는….''

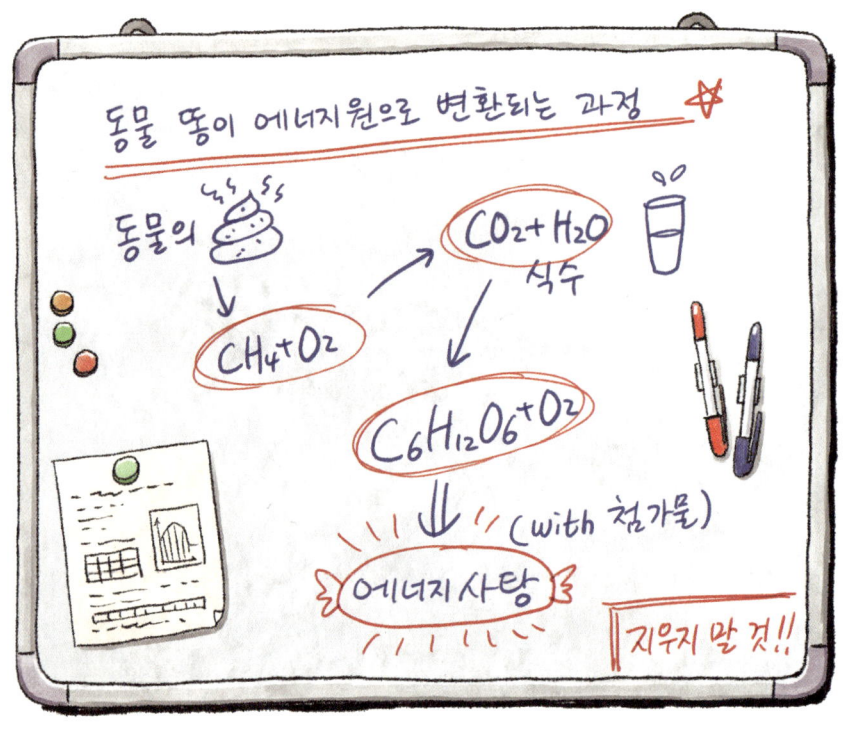

미리가 설마 하는 표정으로 대꾸했다.

"'똥'을 태워서 가는 거였어…."

호야가 뭔가 깨달았다는 듯 말했다.

"그럼 우리가 오늘 먹은 포도당 사탕이랑 물은…."

정신없이 비밀의 방에서 도망친 와니와 미리도 합세했다.

"응. 똥에서 추출한 거야."

호야가 확고한 목소리로 말했다.

또 다른 벽에는 비글호 식단과 조리법이 적힌 메모가 붙어 있었다.

"애들아, 오늘 우리가 먹은 아침밥 말야….''

미리는 아라를 꼭 껴안고 몸서리쳤다.

"식용 벌레들이었구나."

호야가 차분한 목소리로 말했다.

[비글호 식단과 조리법]

- 벌레들을 어떻게 '혐오스럽지 않게' 위장할 것인가.
- 벌레들을 어떻게 '감쪽같이' 접시 위에 배치할 것인가.
- '충식'이란 무엇인가….
- 식용 가능한 벌레의 종류는….
- 악명 높은 야채 삼총사 - 당근, 브로콜리, 토마토-의 조리법 연구.

약 3초간의 침묵.

아이들은 서로 껴안은 채 비명을 지르며 울부짖기 시작했다.

5. 불시착

와글와글, 웅성웅성, 쑥덕쑥덕…. 결연한 표정의 와니와 침착한 호야, 은근 재밌어 하는 아라, 뭔가 미안해 하는 얼굴의 미리까지, 아이들은 어쨌든 중앙홀 복도에 앉아, '아직 한 끼도 굶지는 않았지만' 단식 투쟁 중이었다.

"우리의 의견이 관철될 때까지 절대 굽히면 안 돼!"

라고 서로에게 다짐하면서.

'솔직히 모르고 먹을 때는 맛있었어.'

호야는 아까 먹은 피자가 계속 생각났다. 진짜 닭고기 맛이었는데.

아이들은 급하게 요구 사항을 적은 피켓을 만들었다. 볼 사람은 없지만, 열심히 피켓을 흔들었다. 세상에 하나밖에 없는, 하늘을 나는 탐사선 비글호를 탔다며 기뻐했던 때로부터 하루가 채 지나지 않은 시점이었다. 그 사이 비글호 최초의, 선원들 전원의 단식 투쟁이 벌어진 거다.

선원들의 요구 사항은 다음과 같았다.

1. 비글호 유령의 정체를 밝혀 주세요(귀신이 사는 탐사선은 타고 싶지 않아요).
2. 어린이의 노동을 착취하지 말아 주세요(일이 너무 힘들어요).
3. 우리는 진짜 과자와 라면, 치킨과 피자를 먹고 싶습니다(벌레와 똥물은 정말 싫어요).

개미박사님은 아이들 맞은편에 앉은 채 빙그레 웃기만 할 뿐이었다. 비글호 선원 전체가 단식 투쟁에 돌입하는 무시무시한 사태가 벌어졌는데 아무렇지도 않다니! 오히려 안경 너머 눈빛은 싱글벙글 재밌어서 어쩔 줄 모르겠다는 표정이었다.

개미박사님이 신호를 하자, 제비와 강치가 답변을 적은 긴 두루마리를 물고 쫄래쫄래 나타났다. 저 배신자 녀석들, 허리나 더 길어져라!

개미박사님은 두루마리를 건네받곤 근엄한 목소리로 읽기 시작했다. 근엄해 보이려고 일부러 두루마리로 민들어 온 세 틀림없다. 조선 시대 왕처럼 말이지.

- 1번 요구 사항에 대한 답변 :

비글호에 유령 따윈 없음. 맹세함. 강치와 제비를 걸고 맹세함.

- 2번 요구 사항에 대한 답변 :

환경을 보호하고 지구를 살리는 일은 당연히 수고로운 것. 일이 고될 수 있다는 것은 인정하지만, 명색이 비글호 승무원인데 일을 안 할 수는 없음. 다만, 당번을 바꾸는 것을 검토해 보겠음.

- 3번 요구 사항에 대한 답변 :

탐사선에 비축된 식수는 똥으로 만들었지만, 똥물이 아님. 화학적으로도, 환경적으로도 식수로서 전혀 문제가 없는 '청정수'임. 인간은 물 없이 3일 이상 생존하지 못함. 그러니 단식 투쟁을 하려거든 알아서들 하시길. 스낵 코너에서 제공하는 음식은 영양으로나 맛으로나 진짜 라면, 과자, 햄버거, 피자보다 나으면 나았지, 못하지 않음. 모든 게 마음먹기에 달린 것임. 대신 앞으로는 여러분이 원하는 음식을 각자 디자인해서 먹을 수도 있게 될 것임.

이상 끝.

비글호선장
BEAGLE

아이들은 서로의 얼굴을 마주 보았다. 딱히 대꾸할 말이 생각나지 않았다.

"저기… 화학적으로나 환경적으로 문제가 없어도…."

호야가 어렵게 말을 꺼냈다.

"심리적으로 문제라고요!"

"너희들, 원효대사라고 훌륭한 스님 아니? 원효대사가 하루는 동굴에서 엄청 목이 말라서 잠에서 깼는데…."

개미박사님은 뜬금없이 옛날이야기를 시작했다.

"마침 바가지에 담긴 물이 옆에 있어서 시원하게 마시고 단잠에 빠졌다는 거야. 다음날 일어나서 보니까, 어제 마신 맛있는 물이 해골바가지에 담긴… 어쩌고저쩌고…."

"해골바가지 물이나 똥물이나 둘 다 토할 것 같다고요!"

아라가 울먹였다.

"그러니까 똥물이건 해골바가지 물이건, 다 마음먹기에 달렸다 이 말씀."

박사님은 겨우 웃음을 참는 얼굴로 덧붙였다.

뭔가 되게 억울한데, 그게 뭔지를 모르겠다. 우리 소원을 다 들어준다고 하는 것 같긴 한데, 또 뭐가 시원하게 해결됐는가 하면 그것도 아닌 것 같고…. 뭐지, 이 기분은? 아이들은 무언가 억울하고 찜찜한 기분으로 함께 선원실로 돌아올 수밖에 없었다.

"그렇지만 분명히 유령이 있었다고! 나만 본 게 아니잖아!"
와니는 비밀의 방에서 봤던 푸른 유령 이야기를 꺼냈다.
"우리 직접 확인해 보는 게 어때?"
미리가 굳게 다짐한 듯이 말했다.
"그런데 통로가 개미박사님 방에 있어."
"개미박사님을 밖으로 유인하면 돼."
아라와 와니는 골똘히 유인 방법을 궁리 중이었다.
부르르륵!
느닷없이 구석에서 잠들어 있던 구복이가 목을 죽 뺐다. 팔다리를 쭉 뻗고는 기지개를 켜고.
스르륵 털썩.
그 덕에 구복이 등 위에서 목을 깃에 묻고 단잠에 빠져 있던 핀이 바닥으로 굴러떨어졌다.
꾸꾸꾸아아앗. 깟.
핀은 영문도 모르고 마구 화를 냈다.
"저기 있네. 개미박사님을 밖으로 유인할 방법."

"뭐라구? 구복이가 동식물방에서 새싹을 먹어 치우고 있다고? 핀! 안돼! 이 녀석아!"

개미박사님이 헐레벌떡 방에서 뛰어나왔다.

마침 핀은 박사님의 책상 위에 있던 탐사일지를 끄트머리를 물고 훨훨 날아가는…게 아니고 깡충깡충 달아나는 참이었다.

'잘한다, 핀!'

두루마리처럼 기다란 탐사일지가 촤르륵 복도 한가운데 도로처럼 펼쳐졌다.

왁왁왁, 우다다다다….

뭔가 큰 소동이 일어났음을 감지한 강치와 제비

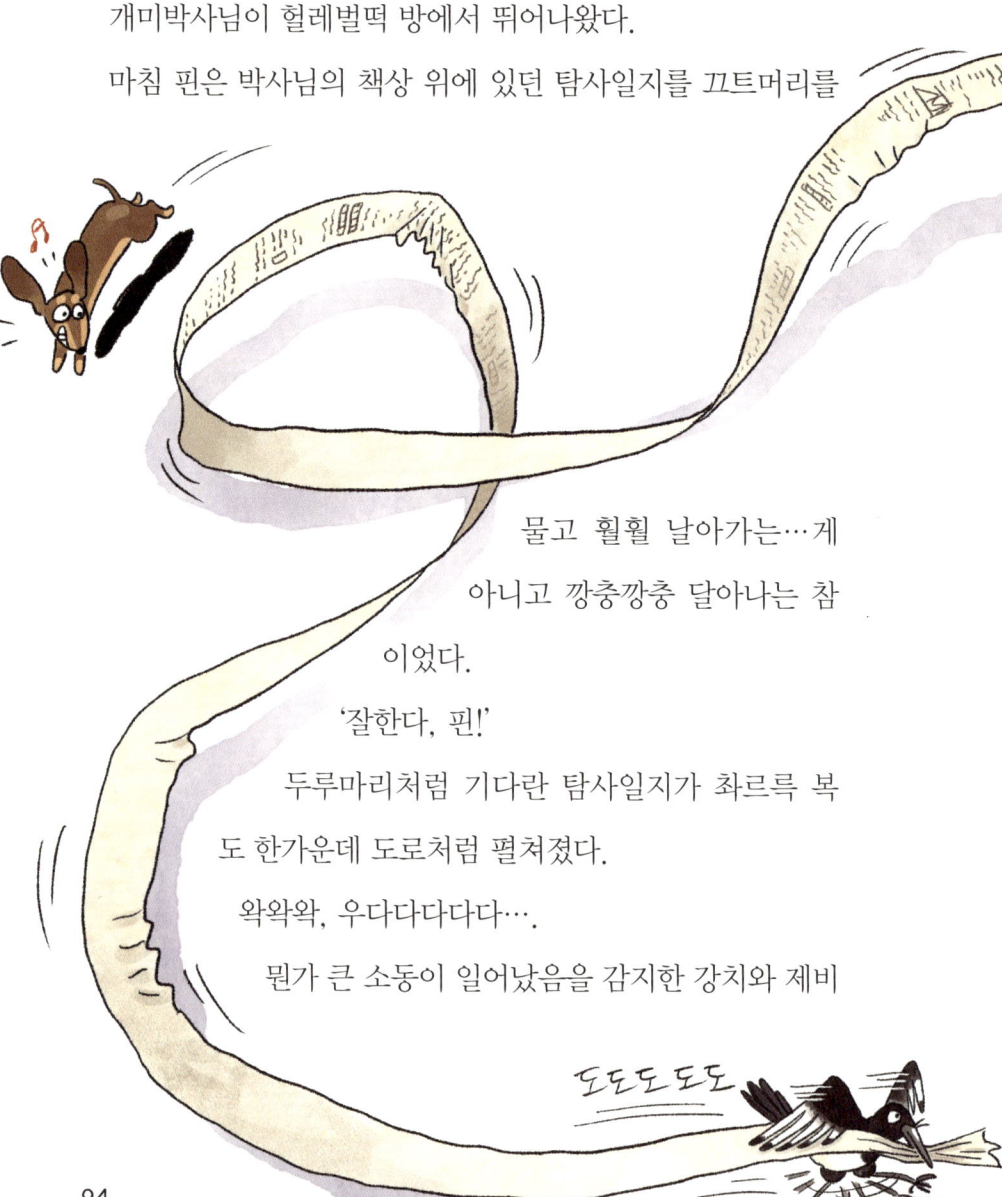

도 영문을 모른 채 복도를 왔다 갔다 질주하기 시작했다.

이 틈을 타서 아이들은 개미박사님의 방을 통해 비밀의 방에 들어갈 수 있었다.

정말 비밀의 방으로 통하는 문이 있었다!

조심스럽게 문고리를 잡아 열었다. 그러나 그 안에는 아무도 없었다.

그때였다. 비글호가 심하게 흔들리며 탐사선 안에 일제히 붉은 등이 켜졌다.

"비글호의 연료가 부족합니다! 연료가 부족합니다!"

다급한 경고 목소리가 선내에 커다랗게 울려 퍼졌다. 아이들은 깜짝 놀라 비밀의 방을 뛰쳐나왔다.

"안전을 위해 개별 구역을 차단합니다. 차단합니다."

연료 부족 경고음에 이어 쿵쿵쿵, 복도와 방마다 차단벽이 하나씩 내려오기 시작했다. 선장실 문 앞에도 쿵! 차단벽이 내려와 닫혔다.

"얘들아, 어디 있니?"

멀리서 개미박사님이 다급하게 아이들을 불렀다.

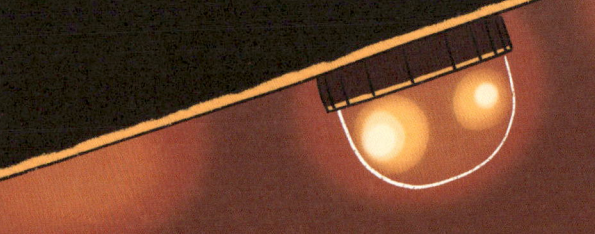

"이게 뭐야, 갑자기?"
"우리 이제 어떡하지?"
아라와 미리는 벌벌 떨었다. 몰래 박사님 방에 숨어 들어온 것도 걱정인데, 이렇게 갇혀 버리다니!

"박사님! 박사님!"
아이들은 목이 터져라 박사님을 불렀다.
"우리 갇혔어!"
와니가 거세게 문을 잡아 흔들었지만, 이미 모든 통로마다 차단벽이 내려진 뒤였다.

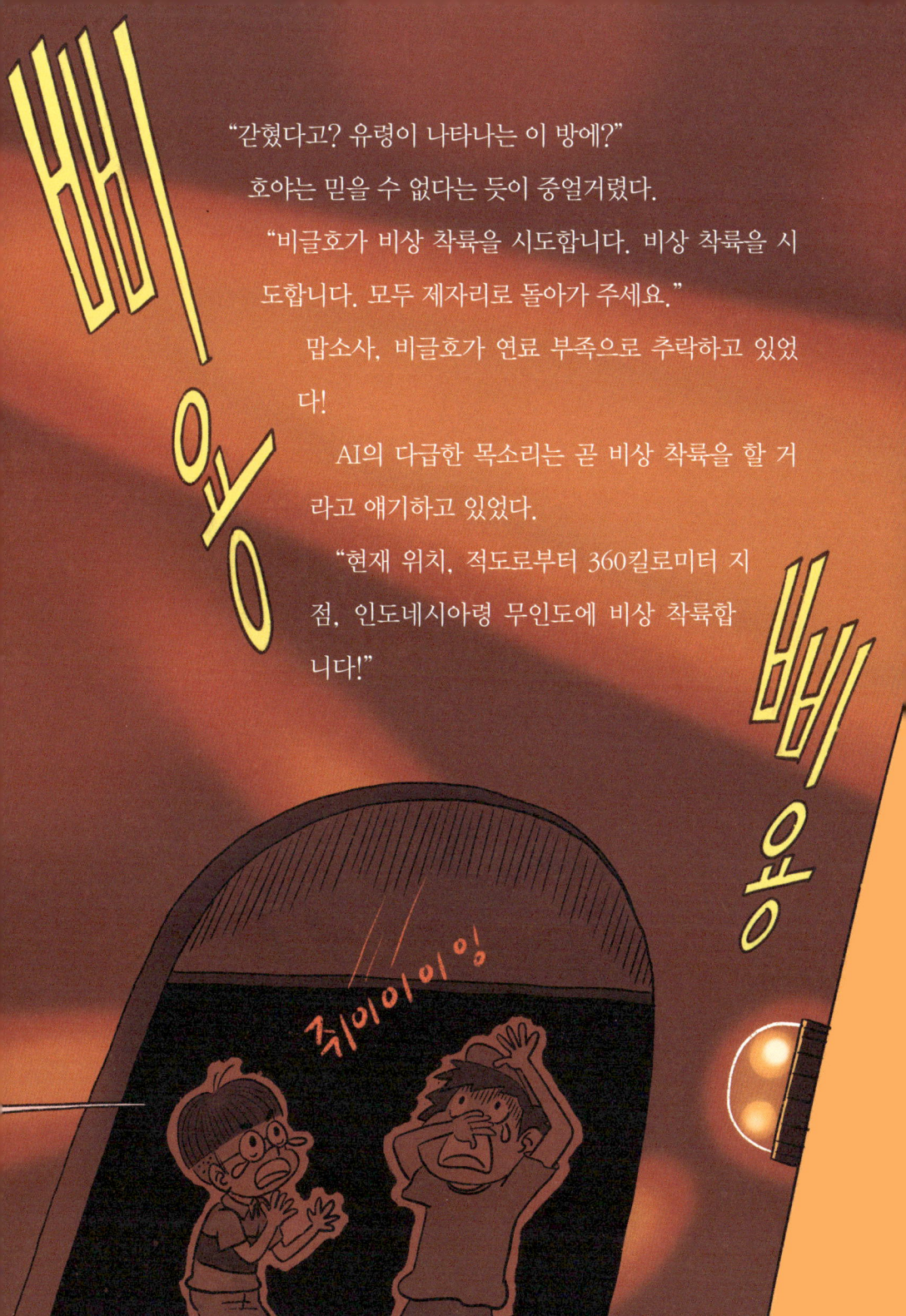

"갇혔다고? 유령이 나타나는 이 방에?"

호야는 믿을 수 없다는 듯이 중얼거렸다.

"비글호가 비상 착륙을 시도합니다. 비상 착륙을 시도합니다. 모두 제자리로 돌아가 주세요."

맙소사, 비글호가 연료 부족으로 추락하고 있었다!

AI의 다급한 목소리는 곧 비상 착륙을 할 거라고 얘기하고 있었다.

"현재 위치, 적도로부터 360킬로미터 지점, 인도네시아령 무인도에 비상 착륙합니다!"

아이들은 서로 껴안은 채 엉엉 울기 시작했다.

정말이지 어째야 할지 모르겠고, 너무 무서웠다.

으흐흐흐흑, 아아아앙, 엄마, 아빠, 개미박사님….

"괜찮다, 괜찮아. 친구의 손을 꼭 잡아."

그때 아이들 등 뒤에서 인자한 할아버지의 목소리가 들렸다. 어디에서 나는 소린지는 모르겠지만, 그냥 목소리만으로 안심이 되는 기분이 들었다.

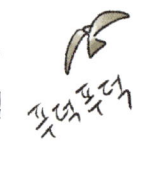

"비글호의 비행 기술을 믿어 보자꾸나."

꼭 시골 할아버지 집에 놀러 온 거 같은 이 기분. 아이들은 친구들의 손을 힘주어 더 꽉 쥐었다. 핀도 구복이도 아이들 옆에 꼭 몸을 붙인 채 가만히 숨을 죽였다.

비글호는 모든 엔진을 끈 채 날개를 활짝 펼쳤다.

오직 바람에만 의지해 하늘을 날고 있었다.

무동력으로, 저 아래 까마득한 태평양 한가운데, 그중에도 점점이 흩어진 섬 중 하나에 착륙하려는 것이었다.

비글호는 사뿐히 내려앉았다! 밀림 한가운데 거꾸로 처박히는 줄로만 알았는데. 다만 빽빽한 열대우림 한가운데, 거대한 나무줄기 위에 반쯤 걸친 채였지만 말이다. 다시는 비글호의 첨단 기술을 무시하지 말길.

"우리 괜찮은 거야?"

"비글호도 괜찮은 거야?"

"다들 안 다쳤어?"

그제야 아이들은 울먹이며 친구의 얼굴을 바라보았다. 저절로 안도의 눈물이 터졌다. 그런데

으아아아아아아악!!

검은 중절모에 눈처럼 새하얀 턱수염과 눈썹, 움푹 꺼진 눈, 다리 대신 뱀처럼 똬리 튼 꼬리, 온통 푸르스름한 빛으로 일렁이는 투명한 그림자.

두 눈을 씻고 다시 봐도 마찬가지였다.

비글호의 푸른 유령이 아이들 앞에 서 있었다.

눈을 씻고 아무리 다시 쳐다봐도… 그건 진짜 유령이었다!

6. 움직이는 숲

"너희에게 정식으로 다윈박사님을 소개하고 싶구나."

개미박사님이 뿌듯해 하는 어린아이 같은 표정으로 말했다.

비글호의 푸른 유령은 다름 아닌, 비글호의 인공 지능 컴퓨터인 다윈박사님이었다!

아이들은 입을 떡 벌리고 개미박사님과 다윈박사님만 번갈아 쳐다보았다. 비글호가 까마득한 하늘로부터 추락할 때, 우리를 안심시켜 주던 그 인자한 목소리의 주인공이 저 할아버지라고요?

"그럼 다윈박사님은 살았어요, 죽었어요? 어디 살아요?"

마침내 아라가 용기를 내어 물었다. 푸르스름한 투명한 그림자가 둥실둥실 주위를 떠도는 모습이 아직도 무서웠기 때문이다.

"하하하, 나는 200년도 더 전에 영국에서 살았던 과학자란다. 물론 육신은 오래전에 죽었지만, 과학 기술의 발전으로 이렇게 내 인격과 지식을 모두 담은 프로그램으로 환생했지."

다윈박사님이 따뜻한 목소리로 대답했다.

"그리고 내가 어디 사느냐면… 저기 저 시꺼먼 오두막집… 이 아니라 이동식 저장 장치에 살지. 좁고 답답해서 들어가고 나올 때마다 뼈마디가 쑤셔."

다윈박사님이 가리키는 곳에는 가로세로가 20센티미터 정도 되는 정사각형의 검은 상자가 놓여 있었다. 그것이 다윈박사님이 사는 홀로그램 장치였다.

"다윈박사님은 비글호의 메인 컴퓨터 프로그램인 동시에 인공지능 인격체란다. 19세기 과학자 찰스 다윈의 인격과

통찰력을 그대로 갖고 있으면서도 현대의 새로운 지식이 매일매일 업데이트되고 있지."

"너희들 내가 아직도 무섭니? 그렇다면 에헴."

다윈박사님은 몸 색깔을 바꾸었다. 핑크색, 노란색, 무지개색에 꽃가루와 은하수 효과까지. 검정 중절모를 하늘로 뿅 솟아오르게 하거나 흰 수염을 북실북실 커다랗게 부풀리는 묘기도 보여 주었다! 다윈박사님은 더 친해지면 지팡이 춤도 보여 주겠다고 약속했다.

이상하게 다윈박사님은 하나도 안 웃기면서 동시에 정말 웃겼다!

"지금으로부터 191년 전에 나는 비글호라는 이름의 배를 타고 전 세계를 탐사했단다. 꼭 너희들처럼."

와, 대단하다! 아이들은 폭풍 질문을 쏟아 내기 시작했다.

"할아버지 그럼 몇 살이에요?"

"살아 있다면 213살."

"그럼 자동차도, 비행기도, 컴퓨터도 모르세요?"

"직접 본 적은 없다만, 그게 뭔지는 인터넷으로 다 배웠지."

"컴퓨터도, 텔레비전도 없는데 그때 애들은 뭐 하고 놀았어요?"

"시골 애들이 다 똑같지 뭐. 벌레 잡고, 풀 구경, 나비 구경. 심심한 적은 한 번도 없었다."

"다윈 할아버지가 제일 많이 연구한 동물이 뭐예요? 침팬지?"

"아니."

"공룡?"

"아니야."

"아님 비둘기? 까치?"

"아닌데."

"그럼 뭔데요?"

"개."

105

"헐."

"난 평생 개를 키웠어. 꼬마였을 때부터 할아버지가 될 때까지. 가장 사랑했고, 가장 오래 같이 살았고, 가장 깊이 이해했던 동물이라고 할 수 있지."

"뱃멀미가 나면 어떻게 해요? 비글호에서 밥은 뭐 먹어요?"

"멀미는 익숙해질 때까지 참는 수밖에 없어. 나중엔 오히려 흔들리는 것에 더 익숙해져서 육지에 내리면 사방이 핑 돈단다. 밥은 말린 고기랑 비스킷, 곰팡이 핀 치즈, 홍차, 술… 엄청 맛없어."

그때 짠! 하고 개미박사님이 멋진 정글 탐사 복장으로 등장했다. 너덜너덜 낡았지만, 주머니가 주렁주렁 달려 있는, 정말 특별한 옷이었다.

"이 조끼랑 나는 30년 된 친구나 다름없지."

개미박사님은 정글에 도착하자 다른 사람이 된 듯 잔뜩 신이 났다.

"자, 시간이 없다. 비글호가 나무 아래로 추락하기 전에 출발해야 해."

아이들은 그제야 비글호가 빽빽한 밀림 한가운데, 그것도 거

대한 나뭇가지에 반쯤 걸려 위태위태하게 흔들리고 있다는 사실을 깨달았다.

"어떻게 연료가 부족할 수 있어요?"

"어린이에게 이런 고통을 주시다니요?"

"비글호가 세계 최고라면서요?"

"자, 이미 벌어진 일, 인생의 값진 경험이다 생각하렴. 지금 바로 두 가지 미션을 발표하겠다."

개미박사님의 두 가지 미션

당번을 바꿀 수 있는 절호의 기회!

1. 공통 과제 : 연료로 쓸 동물의 똥을 부지런히 닥치는 대로 수집해 오기.
2. 개별 과제 : 식물, 개미, 거미, 나비 등 신기한 표본 채집해 오기.

"정글은 한시도 지루할 틈이 없는 매력적인 곳이야. 동시에 알 수 없는 위험이 가득하기도 하지만."

개미박사님이 진지한 얼굴로 덧붙였다.

"만일을 대비해 각자 이동식 장치에 다윈박사님을 담아 가도록 하자. 궁금한 건 박사님이 알려 줄 것이고, 동시에 박사님이 이 섬의 정보도 수집할 거다."

다윈박사님은 비글호 안에서는 자유롭게 돌아다닐 수 있지만, 밖에 나오면 따로 이동식 장치에 담아야 한단다.

아이들은 이동식 장치를 하나씩 받았다. 손목시계 모양도 있고, 목걸이도 있고, 식당의 알람벨이나 리모컨처럼 생긴 것도 있었다.

"다윈박사님을 부를 땐 이렇게 하면 돼. '다윈박사님!' 한 번씩 연습해 볼래?"

개미박사님이 다윈박사님을 부르는 법을 알려 주었다.

"똥 수집기도 하나씩 가져가렴. 지금 최우선 목표는 똥 수집이다."

"모두들 모아 온 똥을 펼쳐 봅시다."

개미박사님의 지휘 아래 아이들은 수집해 온 똥들을 주르륵 풀밭 위에 펼쳐 놓았다. 세상에, 똥도 모아 놓고 보니 이렇게 멋지구나. 그나저나 옆에서 강치와 제비가 주르륵 군침을 흘리는 이유는 뭘까?

"똥도 알고 보면 상당히 흥미롭거든. 그 동물에 관한 많은 정보를 담고 있지."

이토록 다양한 크기와 모양, 재료에 현란한 색깔과 냄새를 가진 똥이라니!

"앗, 저기 똥이 움직인다!"

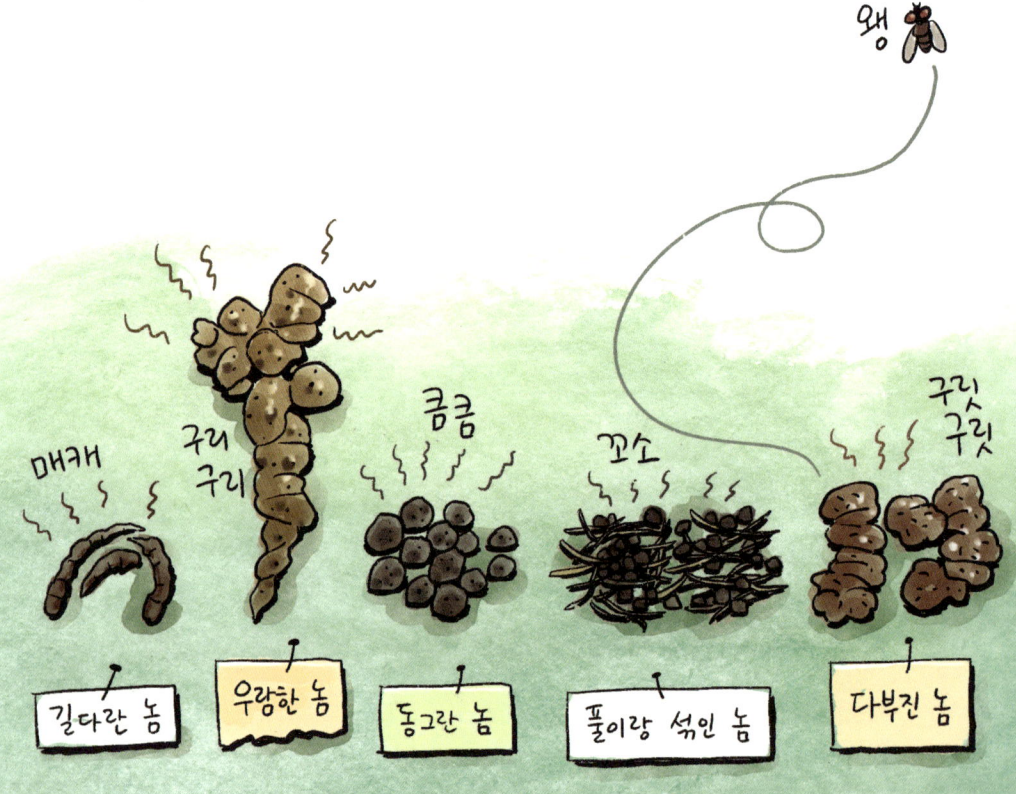

호야가 매의 눈으로 소리쳤다. 정말 풀밭 위의 똥 중에 스르륵 옆으로 이동하는 게 있었다.

"내가 잡았어."

와니는 달아나는 똥을 얼결에 수집통에 주워 담았다. 세상에나 움직이는 똥이라니. 이게 뭔지 탐사선으로 돌아가서 밝혀 보자고.

"비글호의 연료 부족이 해결되었습니다. 감사합니다. 수고하셨습니다."

휴, 고생은 했지만, 어쨌거나 정말 다행이다. 무사히 똥 수집 임무를 마친 아이들은 다시 조르륵 줄을 섰다.

"자, 이제 본격적인 정글 탐사에 나서 볼까."

개미박사님은 아이들을 탐사 장비가 있는 창고로 데려갔다. 강치와 제비를 따라 처음 지하 연구실에 들어왔을 때 봤던 다양한 장치며 신기한 도구들이 쌓여 있는 곳이었다.

"맘에 드는 걸 하나씩 가져가렴. 어디에 쓰이는지는 각자 알아내도록 하고."

개구리핥기
이래 봬도 블루투스로 쌍방소통 가능. 작은 강아지처럼 사람을 따라다니며 벌레들을 츄르릅 혀로 핥아 잡음.

벌레줄래
나름 인공 지능. 거미줄 제거 및 말벌 쫓기 기능도 갖추고 있음.

아이들은 각자의 호출기를 갖고 신기한 도구들을 챙겨 정글로 들어갔다. 강치와 제비가 신나서 앞장을 섰다. 녀석들의 특기는 언제나 무턱대고 달리는 거였다. 강치가 호출기를 물고 달려가는 바람에 다윈박사님이 멀미를 하기도 했다. 핀도 호출기를 목에 걸고 와니 주위를 깡충깡충 뜀박질했다. 구복이는 느림보니까 적당한 나무 아래서 기다리기로 했다.

키다리 뜰채
키가 자유자재로 늘어나는 인공 지능 뜰채.

식물 채집 도시락
채집한 꽃, 잎사귀, 이끼, 고사리 등을 칸칸이 보관 가능. 뚜껑에 확대경이 달려 있어 그대로 들여다보며 관찰 가능.

와니의 '개구리핥기'는 정말이지 제멋대로였다! 대체 이딴 걸 누가 발명했을까? 폴짝폴짝 풀숲을 뛰어다니면서 열심히 개미를 핥다가도, 금세 잎사귀 그늘로 들어가 초절전 모드로 낮잠을 자곤 했다.

"대체 뭘 집어 먹은 거야? 곤충을 채집하라고, 먹보야!"

와니가 말릴 새도 없이 개구리핥기는 나뭇잎을 집어삼켰다.

"슈르르륵… 찹! 꼴깍."

개구리핥기가 제멋대로 삼킨 나뭇잎이 몸속의 저장 장치로 이동하는 소리가 들렸다.

"정말 제멋대로군!"

개구리핥기는 눈알을 데굴데굴 굴리더니 폴짝폴짝 달아나 버렸다.

호야는 오랜 시행착오 끝에 '벌레줄래'와 나름 환상의 호흡을 맞출 수 있었다. 문제는 녀석의 친구들이 너무 많아서 임무를 수행하다 말고 지나가는 개미나 베짱이와도 수다를 떤다는 것이었다.

"너, 제발 집중 좀 해!"

벌레줄래는 '채집 모드'로 일을 하다가도 곤충 친구들을 만나면, 하던 일을 멈추고 무슨 얘기든 다 들어 주었다.

"부르르르르, 비비비비빅, 쉬시시시시식…."

덕분에 엉뚱하게도 투명구에는 거미 말고도 별의별 잡동사니들이 모여 파티 중이었다. 투명구에는 나뭇잎이며 낙엽들도 굴러다녔다.

미리는 정글 깊숙이 들어가서 혼자만의 시간을 즐기고 있었다. 새소리, 바람 소리, 풀벌레 소리… 다윈박사님이 무얼 채취하면 좋을지 신이 나서 일러 주었다.

"자, 저기 난초꽃도 채집하자. 나중에 깜짝 놀랄 비밀이 밝혀질 거다. 하하…."

미리는 이끼, 고사리, 화려한 난초꽃, 나뭇잎, 줄기까지 소중히 채집통에 담았다.

"아, 열대라서 그런지 정말 꽃들이 화려하구나."

미리는 화려한 난초꽃들을 채집했다. 아마도 신기한 도구와 가장 마음이 잘 맞는 팀은 미리와 채집 도시락 아니었을까.

이번 임무에서 가장 골탕을 먹은 건 아라였다. '키다리 뜰채'라길래 그냥 길이만 늘어나는 뜰채인 줄 알았는데.

"너 완전 말썽꾸러기구나!"

아라는 울상이 되어 키다리 뜰채와 실랑이 중이었다.

"스르르르륵, 드르르르르륵… 졸졸졸…."

나무줄기를 기어 올라가고, 느닷없이 타잔 놀이를 하는가 하면, 엉뚱하게 쥐를 잡아 오질 않나, 제비 머리에 그물을 뒤집어씌우는 장난은 또 뭔가! 정말이지 이걸 발명한 사람에게 복수하고 말 테다! 그래도 은근히 재미는 있었다.

"제발 일 좀 해!"

아라가 소리치자, 키다리 뜰채는 그제야 얌전해졌다.

"장난만 치고, 일은 안 하고! 너 진짜 나빠!"

뜰채 속에는 쓸모없는 나뭇가지만 잔뜩 들어 있었다. 아라는 화가 나서 뜰채 속 나뭇가지들을 휙 던져 버렸다.

스르르륵, 아라가 안 보는 사이 지독하게도 말 안 듣는 키다리 뜰채는 몰래 기어가 또다시 나뭇가지들을 긁어모아 채집통으로 보냈다.

"선원들은 비글호로 모여 주세요. 탐사선 수리가 완료되었습니다."

다윈박사님의 호출기로부터 비글호의 목소리가 들려왔다. 모두 와글와글 떠들면서 작은 오솔길을 달리기 시작했다.

"개미박사님은? 박사님만 안 보여."

아이들은 모두 모였는데, 개미박사님만 보이지 않았다. 멀리 강치가 왁왁 짖는 소리가 들렸다. 그때 풀숲을 헤치며 날씬한 제비가 달려왔다. 어서 이리로 와보라는 듯 아이들을 이끌고 달려가기 시작했다.

"무슨 일이 생겼나 봐."

아이들은 걱정되는 마음에 누가 먼저랄 것도 없이 제비를 따라 달려갔다. 저만치에서 나무 꼭대기를 향해 맹렬히 짖는 강치가 보였다.

"앗! 저게 뭐야?"

"솜사탕인가?"

"실패 꾸러미 같아."

"맙소사, 저 얼굴은…."

"낯이 익은데?"

끝이 보이지 않는 거대한 나무 위로 커다란 솜사탕 같은 이상한 게 대롱대롱 매달려 있었다.

"헐… 개미박사님이야."

"정말이지 도움이 안 돼."

"우리가 매번 이렇게 챙겨야 하는 거냐?"

"투덜거리지 말고, 일단 거미줄부터 잘라 봐."

슝~ 쉬리리리릭~.

벌레줄레의 투명구가 빠르게 회전하자, 거미집이 귀퉁이부터 실오라기 풀리듯이 풀어졌다. 거미줄이 벌레줄레에 돌돌돌 감기는 모습이 꼭 솜사탕 같았다.

"거미줄 제거 기능이 있다더니 정말이네."

호야가 신기한 듯 중얼거렸다.

호야는 '도마뱀붙이 신발'을 신고 '도마뱀붙이 장갑'을 꼈다. 그리고는 척척척, 나무를 기어오르기 시작했다. 혹시나 해서 창고에서 챙겨온 것이 천만다행이었다. 호야는 침착하게 개미 박사님이 매달려 있는 나뭇가지까지 올라간 뒤 조심스럽게 벌레줄레의 '거미줄 제거' 버튼을 눌렀다.

"호야! 네 뒤에 왕거미 여사 자극하지 말고."

와니가 걱정스럽다는 듯 소리쳤다.

"집을 완전히 부수지는 마."

미리는 어찌 되었든 왕거미 여사네 거미집도 걱정이었다.

싹둑, 싹둑, 쉭!

거미집을 조금 허물어뜨린 뒤, 호야는 왕거미 여사에게 붙들린 인질들의 거미줄부터 잘라 냈다. 개미박사님은 체조 선수처럼 공중에서 한 바퀴 돌아 풀밭에 사뿐히 착지했다.

생명의 은인인 아이들에게 한마디 고맙다는 말도 없이, 개미박사님은 총총총 정글 속으로 다시 사라져 버렸다.

7. 숨바꼭질의 천재들

"탐사대는 각자 채집한 표본을 가지고, 차례대로 탑승해 주시기 바랍니다."

안내 목소리에 따라 아이들은 비글호로 올라탔다. 가만있자, 강치, 제비, 핀, 와니, 호야, 미리, 아라… 누가 빠진 것 같은데?

"구복이…! 어휴, 이 답답이 느림보 게으름뱅이!"

1시간 째깍째깍

2시간 째깍째깍

아라가 생각났다는 듯 소리쳤다. 아까 분명 나무 그늘에서 놀고 있었는데?

때마침 느릿느릿 구복이가 나 불렀어? 하는 표정으로 앞발을 척 걸치고 비글호에 올라탔다. 뭔가 억울한 구복이였다.

"구복이는 세 시간 전에 출발한 거야. 뭐라고 하지 마."

미리가 구복이랑 한참 교감하더니 말했다. 미리는 거북이 말도 곧잘 알아듣는다.

"또 누구 하나가 빠진 것 같은데?"

"글쎄, 와니, 호야, 아라, 나… 그리고…."

"비글호 선장님이 또 없어!"

호야가 깜짝 놀라 소리쳤다. 그때 천장에서 웃음소리가 들렸다.

"우하하하하, 깜짝 놀랐니, 애들아?"

개미박사님은 이번에는 끈끈이 신발과 장갑을 끼고, 조종실 바깥에 달라붙어 있었다. 아니, 무슨 선장님이 저래. 애들도 아니고 말이지. 투명 유리창을 통해 아이들을 내려다보며 재밌어하다니. 스르륵 투명 유리창이 열리자, 화려한 점프 기술을 사용해 바닥으로 내려왔다. 솔직히 멋있긴 했다!

"자, 그럼 각자 채집해 온 표본들을 좀 볼까? 먼저 와니부터?"

와니가 채집해 온 표본 상자 속에는 낙엽만 수북하게 쌓여 있었다.

"이게 다 말 안 듣는 개구리햝기 때문이에요."

와니는 울상이 되어 변명했다. 난 잘하고 싶었는데 저 녀석이 이상한 것만 쓸어 담았다고요.

"아주 멋진 사마귀를 잡아 왔구나. 잘했다."

"예? 사마귀라고요?"

"그래, 사마귀."

"아니, 이건 그냥 낙엽 더미인데…."

그 순간, 낙엽이 옆으로 스르륵 움직이는 게 아닌가!

개미박사님은 아이들이 채집해 온 표본들을 중앙의 홀로그램 장치로 가져갔다.

"다윈의 눈! 표본들을 확대해 주세요."

개미박사님이 명령을 내리자 '다윈의 눈'이라고 불리는 장치가 투명 상자 속 표본들을 비췄다. 그러자 중앙의 플랫폼에는 사람 크기만큼 확대된 홀로그램이 나타났다. 정말이지 실물과 똑같은 게, 크기만 엄청나게 커진다는 사실이 신기했다.

"큰낙엽사마귀란다. 낙엽이 살랑살랑 바람에 흔들리는 모습까지도 기가 막히게 흉내를 내지."

녀석은 사방을 두리번거리더니 다시 낙엽을 찾아 몸을 숨겼다.

"이렇게 제 몸에 맞는 환경을 찾아 숨는 습성도 있어."

이번에는 호야의 채집통 차례였다. 호야의 채집통도 비슷했다. 싱싱한 초록빛 잎사귀와 낙엽들만 수북하게 쌓여 있었다.

"저도…."

호야의 목소리가 작아졌다.

"아주 멋진 나비를 잡아 왔구나!"

"예? 나비라고요?"

개미박사님이 채집통을 톡 건드리자, 초록빛 나뭇잎 중 하나가 팔랑 날아올랐다.

"우와, 나뭇잎이랑 똑같이 생긴 나비야."

아이들이 놀라 소리쳤다. 커다랗게 확대된 나뭇잎 나비의 홀로그램이 허공을 팔랑팔랑 날아다녔기 때문이다.

나뭇잎 나비가 사뿐 내려앉자, 이번에는 갈색 낙엽 하나가 풀썩 날아올랐다.

"이건 가랑잎을 따라 했어. 벌레 먹고 썩은 곳까지 똑같아."

다음은 미리 차례였다.

"전 식물을 좋아해서, 예쁜 난초꽃을 채집했어요."

미리의 채집통에는 열대의 화려한 난초꽃들이 가득했다.

"꽃이 아니라, 예쁜 사마귀를 데려왔구나."

"네, 사마귀라고요?"

아이들이 믿지 못하겠다는 듯 다가들었다.

"자, 난초사마귀 씨와 인사 나누세요."

개미박사님이 채집통을 살짝 흔들자, 꽃 더미 속에서 스르륵 무언가가 고개를 치켜들었다. 놀랍게도 난초꽃이랑 똑같이 생긴, 그러나 틀림없는 사마귀였다.

"어머, 어쩜 이렇게 생겼을까요?"

미리는 믿을 수 없다는 듯 소리쳤다.

"지금 이 난초사마귀 녀석은 향기까지 따라 하고 있단다."

"이건 도저히 못 믿겠어요!"

"사진을 찍은 것도 아니고, 어쩜 이렇게 똑같지요?"

"하느님이 만들었다고 믿는 게 낫겠어요."

정말이지 믿을 수가 없었다. 이렇게나 똑같이 따라 하다니.

"그럼, 마지막으로 아라의 채집통을 볼까?"

아라가 가져온 채집통에는 나뭇가지만 수북하게 쌓여 있었다. 아라는 부끄러워서 고개를 떨궜다.

"열심히 하고 싶었는데, 키다리 뜰채가 정말이지 너무 말을 안 들어요."

아이들은 풀이 죽은 아라가 귀여워서 킥킥 웃음을 터뜨렸다.

"오, 아라는 종류별로 대벌레를 수집해 왔구나. 잘했다."

"네? 대벌레라구요?"

"그래. 멋진 대벌레."

다윈의 눈이 나뭇가지를 비추자, 스르르륵, 나뭇가지들이 사방으로 움직이기 시작했다. 맙소사, 나뭇가지 더미인줄 알았는데, 그게 전부 대벌레들이었다니!

"저건 나뭇잎대벌레, 이건 왕대벌레라고 한단다."

이럴 수가. 정말이지 감쪽같이 속아 넘어갔네.

"오, 대벌레 군단의 습격이닷! 모두 피해~."

개미박사님이 능청스럽게 외치며 강치와 제비를 안고 구석으로 점프했다.

아이들은 저도 모르게 고개를 숙이고 엎드려서 벌벌 떨었다.
"쳇, 속았네."

개미박사님은 뜻하지 않은 불시착 덕분에 다양한 곤충들을 보게 되어 무척 기분이 좋은 것 같았다. 신이 나서 다윈의 눈앞에 새로운 채집통을 내려놓았다. 하지만 달랑 나뭇잎 하나뿐이었다.
"이번엔 내 차례로군. 나도 신기한 곤충을 찾았단다. 짜잔!"
"에이, 낙엽 위에 새똥 떨어진 거네요."
아이들이 실망하며 대답했다. 그러나 역시 이번에도 그냥 나뭇잎 위 새똥이 아니었다. 그건 움직이는 새똥이었다!
"와, 새똥이 움직여요!"

"긴꼬리제비나비 애벌레란다. 왜 이런 무늬가 생겼을까 생각해 보면, 새똥을 흉내 냈다는 걸 알 수 있지."

"하필이면 넌 새똥을 따라 하냐, 흐흐흐."

아이들은 모두 시간 가는 줄 모르고 들여다보기 바빴다. 이 작은 벌레들을 이렇게 오래 호기심을 갖고 바라본 적은 없었다. 뜻밖에 새롭게 깨달은 사실이 있었다. 그게 뭐든지 생명을 가진 것들은 보면 볼수록 사랑스럽다는 거. 세상에 징그러운 벌레란 없었다.

"고맙습니다! 개미박사님."

아이들은 일렬로 조르륵 서서 감사 인사를 했다. 처음에는 울고불고 박사님을 원망했지만, 결국 계획하지 않은 불시착 덕분에 뭔가 좋은 걸 배우는 중이니까 말이다.

"너희가 데려온 곤충들에는 공통점이 있구나. 그게 뭔지 알겠니?"

"나뭇잎!"

"나뭇가지!"

"모두 잎이나 가지, 또는 꽃을 흉내 낸 곤충들이에요."

"그래, 맞아. 그럼 왜 이런 흉내를 냈을까?"

"…"

"나뭇잎이나 나뭇가지 모습을 하면 어떤 이점이 있을까?"

"숨기에 좋아요!"

아라가 씩씩하게 대답했다.

"더 큰 동물들에게 들키지 않을 수 있어요. 또는 몸을 숨기고 있다가 먹이가 다가오면 잽싸게 사냥을 하든가."

호야의 눈빛도 반짝반짝 빛났다.

"역시 내공왕 호야는 뭐가 달라도 다르…."

개미박사는 흐뭇한 표정으로 대답하려다 흠칫 말을 끊었다.

"내공왕? 그게 뭔데?"

"어떻게 아셨어요? 제가 내공왕인 걸? 뭐… 지금은 내려왔어요."

아이들이 궁금해하자, 개미박사님은 당황하는 눈빛으로 화제를 돌렸다.

"에, 그러니까… 음, 자 그러면 이렇게 질문을 바꿔 보자. 나뭇잎이나 나뭇가지 사이에 감쪽같이 몸을 숨길 수 있는 곤충들과 그렇지 않은 곤충들 중에 누가 생존에 유리할까?"

"당연하지 않아요? 몸을 숨길 수 있는 곤충들이…."

"근데, 제가 내공왕인 걸 어떻게?"

호야가 계속 추궁해도 개미박사님은 못 들은 척했다.

"바로 그거란다. 몸을 숨길 수 있는 곤충들이 생존에 유리하니까 이렇게 지금까지 살아남은 거지. 이렇게 나뭇잎이나 나뭇가지를 흉내 낸 동물들은 이것 말고도 더 많단다."

"난초꽃을 간절히 닮아야지 하면 닮을 수 있는 거예요?"

미리가 신기하다는 듯 되물었다.

"그럼 나는 장미꽃을 닮아야지! 어때, 우리 비슷하지 않아?"

아라가 신이 나서 대답했다.

"응, 하나도 안 닮았거든?"

와니가 기다렸다는 듯 대꾸했다.

"흥!"

아이들이 왁자지껄 떠드는 모습을 지켜보던 박사님이 다시 말을 이었다.

"무엇을 닮아야겠다고 해서 마음대로 닮을 수 있는 건 아니란다. 수백, 수천만 년에 걸쳐 눈에 보이지 않을 정도의 작은 변화들이 쌓이고 쌓여서 이런 모습이 된 거지. 아주 옛날엔 이렇게 생기지 않았을 거야. 그러다가 어떤 이유론가 나뭇잎이나 나뭇가지와 아주 조금 닮은 것들이 나타났어. 그런데 몸을 숨기기 쉬운 장점 때문에 이런 것들이 살아남았겠지? 또 오랜 세

월이 지나자 좀 더 닮은 것들이 나타났어. 이번에도 같은 이유로 좀 더 닮은 것들이 더 많이 번식하여 살아남았겠지? 이런 식으로 오랜 시간 동안 조금 더, 조금 더 닮은 것들이 나타나고 그런 것들이 살아남으면서 지금 우리가 보는 것들이 나타나게 된 거란다."

"수백, 수천만 년이요?"

대체 얼마만큼의 긴 시간일지 가늠이 되지 않았다.

"응. 어쩌면 수억 년."

"와…."

"이렇게 오랜 세월 동안 생물이 환경에 적응해서 변모해 온

것을 **진화**라고 한단다."

"그런데 궁금한 게 있어요. 나뭇잎이나 나뭇가지를 닮은 것들이 생존에 유리해서 살아남았다고 하셨지만, 지금 살아남은 곤충들이 모두 나뭇잎과 나뭇가지를 닮은 건 아니잖아요. 오히려 대부분은 닮지 않았는데요?"

호야가 눈을 반짝이며 질문을 했다.

"좋은 질문이다. 맞아. 나비 중에 나뭇잎을 닮은 나비도 있지만, 모든 나비가 나뭇잎을 닮은 건 아니지. 의태는 수없이 다양한 생존 전략 중 하나일 뿐이란다. 어떤 동물들은 의태를 하는 대신에 다른 장점을 발전시켜서 살아남았단다. 이를테면 잠자리 같은 곤충은 모든 방향을 다 볼 수 있는 눈을 발달시켰고, 꿀벌 같은 곤충들은 독침을 발달시켰지. 사자 같은 맹수들은 날카로운 발톱과 이빨이 있으므로 굳이 몸을 숨기기 위해 의태를 할 필요는 없었을 거야."

아이들은 박사님의 이야기에 점점 빠져들었다.

"그러니까 모든 동물들이 저마다의 특기 같은 걸 갖고 있는 거네요?"

"그렇지. 오늘날 우리가 만나는 동물들은 모두 오랜 세월 동안 적응하면서 살아남은 것들이잖니? 모든 살아남은 것들은 그 나름의 살아남은 이유가 있단다. 아무리 하찮은 것일지라도, 하루살이 같은 미물조차도, 감탄할 만큼 놀라운 장기나 비결을 갖고 있지."

"하루살이도요?"

"그럼. 물론이고말고. 앞으로 우리가 동물 세계를 탐험하다 보면 놀랄 일이 정말 많을걸? 그건 그렇고 미안하지만, 나는 내 방에서 아주 중요한 할 일이 있어서 진화에 대한 자세한 설명은 다윈박사님께 맡길게. 사실 진화에 대해서는 나보다 다윈박사님이 더 잘 설명해 주실 거야. 진화에 관한 이론을 맨 처음 학문적으로 정립하신 분이니까."

개미박사님은 조종실을 떠나며 큰 목소리로 다윈박사님을 호출했다.

"그리고 오늘 수고하신 친구들은 원래 살던 집으로 되돌려 줘야겠지? 강치야, 제비야!" 박사님이 다정하게 부르자, 강치와 제비가 달려왔다. 제비는 호출기를 달고 있었고, 강치는 '개구리핥기'를 물고 있었다. 개구리핥기는 슈르르륵 조심스레 사마귀와 나비, 대벌레 친구들을 핥아 뱃속에 저장했다. "이제 녀석들이 한바퀴 신나게 달리고 오면 개구리핥기가 적당한 장소마다 녀석들을 내려놓을 거야. 자, 그럼 출발!" 박사님의 명령이 떨어지자, 강치와 제비는 신나게 달려 나갔다. 강치의 등에 업힌 개구리핥기의 표정이 여느 때보다 의젓해 보였다.

"오, 드디어 내가 나설 차례인가?"

다윈박사님은 기지개를 켜며 모습을 드러냈다.

이제부터는 다윈박사님과 공부하는 시간이었다. 다윈박사님은 품에서 두툼한 책을 꺼내 보여 주었다.

"170여 년 전, 그러니까 내가 《종의 기원》을 발표한 1859년 무렵만 해도 사람들은 생물이 환경에 적응하여 변모해 왔다는 걸 믿지 않았어. 처음부터 조물주에 의해 지금의 모습 그대로 만들어졌다고 생각했지. 하지만 나는 1831년 비글호를 타고 세계를 여행하며 수십 년간 수많은 생물들을 관찰하고 연구한 끝에 결론에 도달했단다. 우리가 보는 모든 생물들은 처음부터 그렇게 만들어진 게 아니라, 무수한 변화를 겪으면서 환경에 가장 적합한 종이 살아남은 결과라는 걸 말이야. 자연에 의해 적합한 종이 선택받는다고 해서 **자연선택**이라고 불렀지. 이 자연선택이 내가 주장한 진화론의 핵심이야."

와, 다윈박사님의 설명은 숨도 안 쉬고 이어졌다.

"비슷한 얘기 들어본 적 있어. 먼 옛날 인간의 조상은 지금

이랑은 다른 털북숭이였대."

와니가 끼어들었다.

"뭐야, 그럼 원숭이가 인간의 조상이라는 얘기야?"

아라가 되물었다.

"아니, 그건 잘못된 이야기란다. 진화를 잘못 이해한 사람들이 그렇게 말하는데… 원숭이가 인간의 조상이 아니라, 원숭이의 조상과 인간의 조상이 먼 옛날 하나의 뿌리에서 갈라져 나온 것뿐이란다."

다윈박사님이 또박또박 힘주어 말했다. 그동안 수없이 들어온 이 잘못된 얘기에 몸서리를 치면서 말이다.

"그럼 원숭이가 수만 년 뒤에 인간으로 진화하는 게 아니에요?"

아라는 뭔가 섭섭하다는 듯 되물었다.

"아니란다. 게다가 진화엔 어떤 정해진 방향 같은 게 없어. 꼭 좋은 방향으로만 변하는 것도 아니야. 또 가까스로 환경에 적응했더라도 환경이 갑자기 변하면 이제까지 장점이었던 것이 오히려 단점이 되기도 한단다. 요즘 지구의 기온이 올라서 동물들이 혼란을 겪고 있는 것도 그런 것이지. 북극곰의 예를 들어보자."

다윈박사님은 신나서 이야기를 끝없이 이어 갔다.

"먼 옛날엔 북극에 사는 곰들의 털 색깔이 갈색이나 회색, 검은색이었을 거야. 그러다 어떤 변이에 의해 흰색 털을 가진 곰이 태어났어. 극지방은 흰색 얼음에 뒤덮여 있으니 흰색 털을 가진 곰이 사냥에 더 유리했겠지? 아주 오랜 세월이 지나자 흰색 곰의 후손들이 얼음 위에서 훌륭하게 적응한 반면, 갈색이나 검은색 곰들은 굶어 죽거나 숲이 많은 곳으로 이동해 버렸어. 그래서 북극에는 흰색 곰만 남은 거지. 그런데 만약 지구온난화로 인해 북극의 얼음이 다 녹아 버린다고 상상해 보자. 그렇지 않아도 요즘 북극곰이 먹을 것을 찾아 남쪽의 숲 지대로 내려온다고 해. 그때 흰색 털을 가진 곰은 어떻게 될까? 눈에 잘 띄어서 사냥을 하기 힘들어지겠지? 즉, 얼음 위에서는 사냥하기 유리했던 털 색깔이 숲에서는 오히려 단점이 돼 버리는 거야."

"그럼 털 색깔을 다시 바꾸면 되잖아요!"

아라가 답답하다는 듯 소리쳤다.

"진화에는 아주 오랜 시간이 걸리니까 아마 그 전에 다 멸종하겠지."

언니 미리가 침착하게 대답했다.

"아, 그렇겠구나. 큰일이네…."

아라는 울상이 되었다. 금세 북극곰이 사라지기라도 할 것처럼 불안한 모양이었다.

"자, 그럼 내가 《종의 기원》 책에서 밝혀낸 자연선택의 사례를 좀 더 자세하게…."

다윈박사님의 강의는 끝없이 계속될 것 같았고, 아이들은 슬슬 머리가 아파 왔다.

다윈박사님은 너무 재미있고 웃긴데, 큰 단점이 하나 있다. 바로 좋아하는 주제가 나오면 끝없이 말을 이어간다는 점이다.

"귀에서 피가 나는 기분이야."

아라가 속삭였다. 미리는 이미 스르륵 눈을 감고 있었다.

"누가 다윈박사님 좀 말려 봐. 우린 초등학생이라고!"

미리가 눈짓했다.

하지만, 우리는 박사님의 큰 단점 말고 약점도 알고 있었다.

"박사님, 포켓몬 아세요?"

호야는 개미박사님도, 다윈박사님도 자기랑 닮은 종류의 사람이란 걸 금방 깨달았다. 그렇다면 그런 종류의 친구들이 제일 싫어하는 게 뭐냐면….

"포켓…몽? 그게 뭐냐?"

"어머, 박사님이 그것도 모르세요?"

박사님은 모르는 걸 제일 싫어하는 사람이었다. 모르는 게 나오면 발끈! 그것이 다윈박사님의 약점이었다.

하하하, 질문은 질문으로 막으면 된다. 진화론은 포켓몬으로 막으면 된다고.

"이상해씨, 이상해풀, 이상해꽃이 제일 좋을 것 같아."

아이들은 포켓몬 그림 카드를 늘어놓고 다윈박사님에게 열심히 설명했다.

"신기하구나. 이런 동물이 정말 있다는 말이지?"

다윈박사님은 수염을 꼬며 거듭 물어보았다.

"얘가 변해서 얘가 되고요, 얘가 다시 애로 진화해요."

호야가 신이 나서 설명했다.

"애벌레가 번데기가 됐다가 나비가 되는 것처럼 말이냐."

다윈박사님은 정말이지 훌륭한 학생이었다. 역시 하나를 가르쳐 주면 열을 안다니까.

이번에는 아이들 차례였다. 포켓몬에 관해서라면, 우리야말로 귀에서 피가 날 정도로 떠들 수 있으니까.

"난 어차피 잠은 안 잔다. 그러니까 더 얘기해 보자. 포켓몬들을 어디에 가면 볼 수 있지? 당장이라도 달려가고 싶구나."

학생이 된 다윈박사님의 질문은 그칠 줄을 몰랐다.

모두 잠든 밤, 보름달이 하늘 가운데 훤하게 떠올랐다. 비글호는 충분한 연료를 확보했다. 정글의 온갖 똥들을 다 모아 에너지로 변환시켰으니까. 잠들어도 잠들지 않는, 열대우림의 숲 위로 비글호는 조용히 이륙했다.

비글호 선원들 모두가 곯아떨어졌다.

희미한 불빛이 새어 나오는 비밀의 방에서는 중얼중얼 포켓몬 족보 암기가 한창이었다.

탁탁다다닥, 탁탁….

앙상한 손가락 두 개가 컴퓨터 자판 위를 재빠르게 날아다녔다. 깊은 밤에도 기이한 타자 소리는 멈추지 않고 복도를 맴돌고 있었다.

　세상에서 제일 빠른 독수리…가 아니라 독수리 타법의 고수가 내는 소리!

　"비글1831님이 답변을 작성 중입니다…."

　내공왕의 타이틀을 유지하려면 밤잠 줄이는 것쯤이야 문제없다. 개미박사님은 시뻘겋게 충혈된 눈을 비비며 열심히 답변을 작성하고 있었다. 뒤로 길게 늘어진 박사님의 잠옷 위로, 강치와 제비는 둥글게 몸을 말고 잠들어 있었다.

 에필로그

녀석이 몸을 끄는 괴상한 소리가 복도에 울려 퍼졌다가 천천히 사라졌다. 어딘가 창문이 열려 있는 게 분명했다.

쉬리릭, 웅~.

열린 창으로 들어온 바람 소리가 복도를 회오리치다가 사라졌다. 탐사선 귀퉁이에는 날카로운 세 줄의 발톱 자국이 선명하게 찍혀 있었다.

비행선의 작은 창 하나가 열려 있었고, 창틀에는 무언가 할퀸 자국이 나 있었다. 발톱 자국은 창문 옆 벽을 따라 길게 이어져 있었다.

개미박사님은 마치 크기를 가늠하기라도 하듯, 발톱 자국에 조심스럽게 손을 대보았다. 열린 창문으로 으스스한 바람이 웅웅 대며 들어오고 있었다.

"수상한 손님이로군."

개미박사님은 생각에 잠긴 표정으로 창문을 다시 단단히 걸어 잠갔다.

비밀의 방에서는 다윈박사님의 연구가 한창이었다.

"상당히 새로운 학설이 되겠군."

다윈박사님은 오늘 업데이트한 포켓몬 자료를 두고 새로운 논문을 준비 중이었다.

"제목은 '다윈의 자연선택론을 통해 본 포켓몬의 변이와 진화.' 좋았어. 광고도 내고, 포스터도 만들어야겠어! '생물학계에 일대 파란을 일으킬 새로운 학설! 놓치지 마세요!' 이렇게."

개미박사님은 조심스럽게 복도 바닥에 그려진 흔적들을 따라 걸었다. 무언가 질질 몸을 끌고 이동한 흔적이 분명했다. 복도 끝에서 일렁이는 그림자가 얼핏 나타났다 사라졌다. 잠에서 깬 아이들도 빼꼼 고개를 내밀었다.

"아니, 네가 왜 여기에 있니?"

마침내 복도 끝에서 개미박사님은 기이한 그림자의 주인공을 찾아냈다.

마대 걸레 같은 북실북실한 털, 슬프게 쳐진 눈망울, 기다란 세 개의 발톱, 금세라도 울음이 터질 것 같은 어딘가 억울한 표정의 낯선 생명체였다.

"너는 여기 있으면 안 되는데…."

박사님이 심각한 목소리로 중얼거렸다. 아기 나무늘보는 다친 곳은 없어 보였지만 잔뜩 겁에 질려 있었다.

"나무늘보는 여기 있으면 안 돼요?"

아라가 작게 속삭였다.

"나무늘보는 중남미 정글에서만 살거든. 여기 있으면 안 돼."

"대체 무슨 일이 있었던 거니, 애야?"

개미박사님은 한없이 무거운 표정으로 작은 아기 나무늘보를 부드럽게 안아 올렸다.

개미박사의 생물학 교실

의태의 정의
생물들의 흉내 내기

'의태'에 대해 확실히 알려 주겠다.

의태라는 말은 어떤 생물이 다른 생물이나 무생물을 흉내 내거나 닮아서 혼동을 일으키는 것을 말해. 영어로는 *mimicry*라고 하고.

나뭇가지 모양을 흉내 낸 자벌레가 좋은 예지.

나뭇가지? 벌레?

자벌레는 자나방과(Geometridae) 나방의 애벌레를 부르는 말이야. 자벌레는 나뭇가지에 딱 붙이고 꼿꼿이 서. 그럼 나뭇가지와 전혀 구분이 안 되지. 이렇게 눈에 안 띄면 포식자의 공격을 피할 수 있겠지?

또 다른 예는 꽃등에야.

벌 아닌가요?

누가 봐도 벌처럼 생겼지만 벌이 아니고 파리과 곤충이야. 벌을 의태했다고 해서 벌파리라고 부르기도 한단다.

파리지만 벌처럼 보이니까 천적들이 쉽게 공격을 못 하겠지? 실제로 꽃등에는 벌침 같은 독이 없지만 벌을 흉내 낸 덕분에 더 잘 살아남을 수 있지.

벌이랑 정말 똑같아요. 벌이랑 꽃등에를 구별할 수 있는 방법이 있을까요?

꽃등에

벌

눈을 크게 뜨고 사진을 봐.

벌은 등에 있는 무늬가 모두 1자인데, 꽃등에는 첫 번째 무늬가 약간 X자 모양이지? 벌보다 꽃등에의 더듬이가 훨씬 짧고, 다리의 색도 벌이 더 진하단다.

꽃등에는 앞날개 1쌍만 있지만, 벌은 앞날개 뒷날개가 모두 있어서 날개가 2쌍이지. 또 꽃등에의 눈은 빛나지 않는데, 벌은 보통 눈에서 빛이 난단다.

제가 채집했던 난초사마귀는 난초 꽃 말고 다른 장소에 있을 때는 너무 튀는 것 같아요. 이러면 천적을 피하는 데 별로 도움이 안 되는 건 아닐까요?

난초사마귀

꽃잎 위에 숨어서 먹이를 기다리고 있는 모습이야.

의태를 통해 동물들이 얻을 수 있는 대표적인 이익이 천적을 피하는 거야. 자벌레나 꽃등에가 그 예지. 그런데 난초사마귀 같은 경우는 그보다는 먹잇감을 더 잘 유인하는 이익을 얻어.

난초사마귀는 나비, 벌, 파리 같은 곤충들을 잡아먹고 산단다. 사진처럼 난초사마귀는 꽃 흉내를 내면서 꽃 사이에서 기다리다가 먹잇감이 날아오면 잡아먹는 거지.

의태는 아주 오랜 시간에 걸쳐 작은 변화들이 쌓이고 쌓여서 이루어진 것이란다. 진화의 중요한 증거이기도 하지.

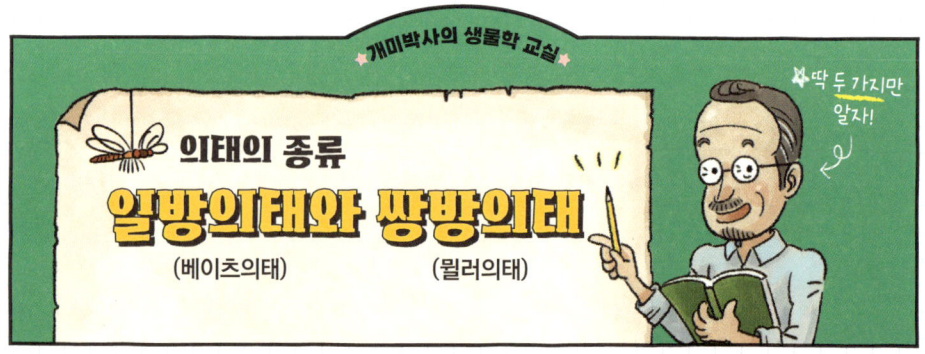

개미박사의 생물학 교실
의태의 종류
일방의태와 쌍방의태
(베이츠의태)　　(뮐러의태)

딱 두 가지만 알자!

의태 중에는 베이츠의태(*Batesian mimicry*)와 뮐러의태(*Mullerian mimicry*)가 가장 유명해.

베이컨?

몰러? 너무 어려워요~!

우리 말로 바꿔 보자면 '일방의태'와 '쌍방의태' 정도로 생각하면 될 거다.

일방의태
(베이츠의태)
VS.
쌍방의태
(뮐러의태)

일방의태는 유명한 곤충학자 헨리 베이츠가 나비를 연구하다가 관찰한 현상이야.

쌍방의태는 독일 생물학자 프리츠 뮐러가 아마존에서 나비를 연구하다가 관찰한 현상이지.

일방의태는 한마디로 한 동물이 다른 동물을 일방적으로 의태한 경우야.

이 나비의 이름은 제왕나비(*Danaus plexippus*)야. 아메리카 대륙의 대표적인 나비지.

제왕나비는 애벌레 때부터 밀크위드라는 독이 있는 식물의 수액을 먹지. 그렇게 몸속에 독을 축적하고 있어서 포식자에게도 위협적이야.

이 나비의 이름은 총독나비(*Basilarchia archippus*)야. 제왕나비와 무늬가 비슷하지?

 거의 똑같아요!

독이 없는 총독나비가 독이 있는 제왕나비를 따라 해서, 제왕나비를 먹고 독 때문에 고생한 적이 있는 포식자가 총독나비도 먹지 않게 되는 효과를 누리지. 이게 바로 일방의태야. 총독나비 혼자 일방적으로 따라 한 거!

반면 쌍방의태는 상호이익을 위해 서로 다른 두 동물이 서로서로 닮는 현상을 말해.

일방의태는 모델이 된 쪽에 독이 있거나 위험하거나 맛이 없다면, 의태를 한 쪽은 독이 없지. 그런데 쌍방의태는 모델 동물과 의태를 한 동물 모두가 독이 있거나 맛이 없거나 위험하단다.

아마존의 헬리코니우스나비(*Heliconius*)도 독이 있어. 심장마비를 일으킬 정도로 강력한 독이야. 그런데 아마존에는 헬리코니우스나비와 비슷한 패턴을 가진 나비가 엄청나게 많아.

서로 다른 나비들이 모두 헬리코니우스 나비와 비슷한 모습으로 진화했어.

이건 누가 누구를 일방적으로 흉내 냈다기보다는 서로서로 흉내를 내고, 흉내 낸 걸 또 흉내 내고 하면서 이 동네에 이런 패턴의 나비가 엄청 많아진 거지.

아마존에서 이런 패턴의 나비는 그냥 '독 있는 나비'로 통해. 그래서 이런 패턴으로 진화한 모든 개체들이 다 포식자의 공격을 피하는 이득을 보는 거지.

참고로 베이츠의태와 밀러의태가 말이 너무 어려운 것 같아서, 일방의태와 쌍방의태라는 말로 번역해 봤으니 자주 사용해 주길! ✌

개미박사의 생물학 교실

의태 예시 1
다른 동물 흉내 내기

✿ 개미가 최고 인기!

개미 의태(Ant mimicry)라는 말이 있어. 그만큼 개미를 따라 하는 곤충이 많다는 거지.

저 개미 좋아해요! 그런데 개미가 그렇게 강한 곤충은 아니지 않나요? 개미 흉내를 내다니 신기해요.

약 2,000종의 절지 동물이 개미를 흉내 낼 정도로 인기가 많아.

나는 개미!

나는 개미 아님.

영락없이 개미처럼 생긴 이 곤충은 깡충거미과에 속하는 개미거미속 *(Genus Myrmarachne)* 거미야.

거미가 개미를 흉내 낸다고요? 거미가 더 강하지 않나요?

개미 한 마리는 약하지만, 그 뒤에는 수십 수백 마리의 동료들이 있거든. 잘못 건드리면 싸움 상대가 너무 많아지기 때문에 포식자들은 섣불리 개미를 공격하지 않는단다. 그래서 개미 집단 근처에서 개미인 척하고 살면 포식자로부터 안전한 삶을 누릴 수 있는 거지.

그리고 또 한 가지 이득! 개미를 의태한 거미를 동료 개미로 착각하고 안심한 개미를 잡아먹을 수도 있지.

보통 개미의 몸은 '머리-가슴-배' 세 부분으로 나뉘져. 거미는 몇 부분으로 나눠지는지 아는 사람?

'머리가슴-배' 두 부분이요!

맞아! 그래서 개미인지 거미인지 구분해 보려면, 몸이 몇 부분으로 나누어지는지 보면 돼. 그런데!

머리 - 가슴 - 배

배 - 가슴 - 머리

왼쪽은 베짜기개미거미(*Myrmaplata plataleoides*)고, 오른쪽은 베짜기개미(*Oecophylla smaragdina*)야. 베짜기개미거미는 거미이면서도 머리와 가슴 사이의 구분이 명확한 체형으로 진화하고, 다리까지 한 쌍 더 만들어서 감쪽같이 개미를 의태하고 있으니까, 이것도 알아 두라고!

청줄청소놀래기(*Labroides dimidiatus*)라는 청소물고기에 대해 들어 봤니? 바다에는 큰 물고기 몸에 붙어서 기생충을 먹고 사는 청소물고기가 있어.

이 청소물고기를 따라 하는 가짜 청소물고기도 있지. 헤엄치는 모습까지 똑같이 흉내 내지. 가짜 청소물고기는 청소물고기인 척 큰 물고기를 안심시킨 후 갑자기 피부를 뜯어 먹고 도망가 버려.

청줄베도라치
(*Plagiotremus rhinorhynchos*)

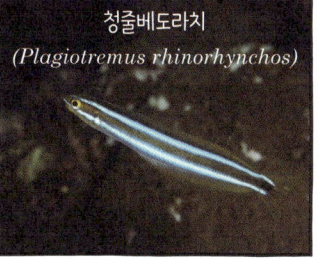

마지막으로 내가 동물이나 곤충이라고 생각하고, 어떤 걸 흉내 내면 포식자로부터 안전할 수 있을지 한 번 상상해 보렴.

뱀이요!

뱀도 재미있는 이야기 많아! 우유뱀(*Lampropeltis triangulum*)이나 주홍왕뱀(*Lampropeltis elapsoides*)과 같이 독이 없는 뱀이 강력한 독을 가진 산호뱀(*Micrurus nigrocinctus*)과 비슷한 색상과 무늬로 진화하여 포식자의 사냥을 피한단다.

뱀을 흉내 내는 애벌레도 있어. 통통하고 부드러운 애벌레는 많은 동물들이 좋아하는 먹이야. 특히 새들이 좋아하지. 그래서 나비나 나방 애벌레들은 새를 잡아먹는 뱀의 눈을 흉내 낸 가짜 눈이 있는 모습으로 진화하기도 했어.

주홍박각시(*Deilephila elpenor*) 애벌레의 모습인데, 진짜 뱀 같지? 더 알고 싶다면 제비나비, 우단박각시, 멧누에나방의 애벌레를 찾아보도록!

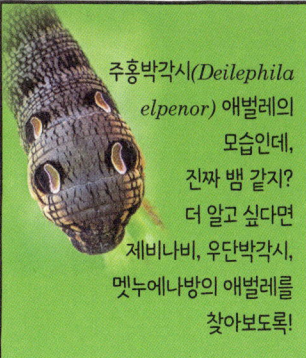

개미박사의 생물학 교실

의태 예시 2
식물이나 사물 흉내 내기

하다하다 똥 흉내까지?

박사님! 긴꼬리제비나비 애벌레처럼 똥 흉내 내는 벌레 또 없나요?

나 불렀어?

있지! 이건 새똥하늘소 (*Pogonocherus seminiveus*) 애벌레.

또 이건 호랑나비(*Papilio xuthus*) 애벌레!

그런데 왜 똥 흉내를 내는 걸까? 애벌레의 천적은 새야. 새도 자기 똥을 먹지는 않거든. 그래서 새똥 모양으로 진화한 거지. 더러워 보일 수 있지만, 엄청 똑똑한 진화지.

똥 말고, 돌 흉내를 내는 생물도 있단다. 살아 있는 돌이라고 불리는 리톱스(*Lithops marmorata*)!

리톱스는 주변의 돌과 비슷하게 생겨서 포식자의 눈을 피할 수 있지.

이 예쁜 돌들이 식물이라고요?

리톱스의 모양은 돌을 의태한 것이면서 한편으로 척박한 사막에서 살아남기 위한 진화의 결과이기도 해. 물을 머금고 있기 적절한 모양으로 진화한 거야. 직접 보고 싶다면 국립생태원 사막관으로 가 보도록!

숨바꼭질 할 때 제 모습이 떠오르네요. 똥이나 돌 말고 꽃 의태를 더 알고 싶어요!

게마투스꽃사마귀(*Creobroter gemmatus Saussure*)를 볼까?

더 찾아보고 싶다면, 꽃사마귀속(*Creobroter*)이나 난초사마귀속(*Hymenopus*) 곤충들을 찾아보면 된단다. 이 곤충들은 아름다운 모습과 색, 희귀성 때문에 불법으로 거래되는 일도 많아서 안타깝기도 해.

사실 꽃보다 더 인기 있는 식물 의태 소재는 나뭇잎이야. 꽃보다 나뭇잎이 더 흔하니까 비슷한 모양으로 진화한다면 더 숨기가 쉽겠지?

나뭇잎나비 말고도 나뭇잎 의태가 더 있나요?

대표적인 예가 나뭇잎벌레 (*Phyllium giganteum*)야. 얘들은 의태의 대표 선수라고 생각해도 돼. 잎의 초록색뿐 아니라 잎맥과 바람에 흔들리는 모양, 벌레 먹은 자국까지 흉내를 내서 포식자를 속이거든.

감쪽같아요!

식물끼리 따라 하는 의태도 있단다. 벼를 키우는 논에는 논피, 물피, 강피 같은 벼를 의태한 식물들이 함께 살아.

강피

강피(*Echinochloa oryzicola Vasing*)는 잡초이면서도 사람들이 돌보는 벼와 비슷한 모양으로 의태해서 잡초를 제거하는 사람들의 손을 피하는 거지.

똑똑한 식물이네요.

똑똑해서, 농부들에겐 골칫거리지. ㅎㅎ

★개미박사의 생물학 교실★

의태 예시 3
냄새 소리 등 특이한 의태들

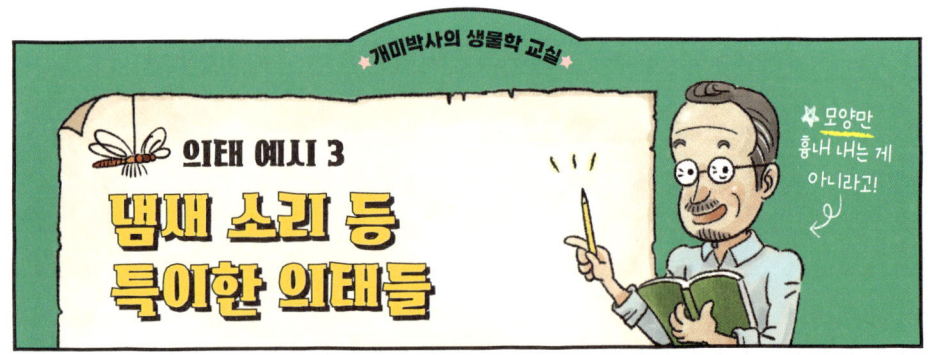

모양만 흉내 내는 게 아니라고!

꽃을 흉내 낸 곤충은 이제 잘 알 것이고, 반대로 곤충을 의태한 꽃도 한 번 살펴볼까?

오프리스 아피페라(*Ophrys Apifera*)라는 이 식물은 벌을 의태했어. 머리, 날개, 더듬이까지 벌의 모양을 따라 했지? 이 꽃이 흉내 내는 벌은 특히 암컷 벌이라서, 꽃을 이용해 수컷 벌을 부르는 거지.

신기한 건, 이 꽃이 암컷 벌의 모양뿐 아니라, 암컷이 분비하는 향기(페르몬)까지 흉내를 내서 수컷을 끌어당기고 있다는 거야!

냄새까지요? 그렇게까지 따라 해서 수컷 벌이 오면 뭐가 좋아요?

뭐야 속았잖아!

수컷 벌이 내려앉아서 수술에 있는 꽃가루를 잔뜩 묻혀서 암술까지 옮겨 주는 거지. 식물은 암술과 수술의 꽃가루가 만나야 열매를 맺을 수 있거든. 식물의 번식을 위해 벌의 역할이 정말 중요해. 오프리스 아피페라는 냄새까지 의태해서 벌에게 그 일을 열심히 시키고 있는 거지!

식물 의태도 재미있는 게 많네요!

심지어 다른 동물이나 식물이 아니라, 자신의 일부분을 다시 의태하는 식물도 있단다!

설악초(*Euphorbia marginata*)는 꽃이 필 때가 되면 초록색이던 잎의 둘레가 꽃 색과 비슷한 흰색으로 변해.

 자신의 꽃을 의태한 거네요?

맞아. 이렇게 하면 꽃이 더 많이 핀 것처럼 보여서 꽃가루를 옮겨 줄 곤충을 더 많이 부를 수 있지!

비슷한 식물로 우리나라 멸종위기야생동식물 II급으로 지정된 삼백초(*saururus chinensis*)가 있어.

삼백초도 꽃과 같은 하얀색으로 잎을 바꿔서 곤충들을 유인하지. 주로 제주도 연못이나 습지 주변에 많이 사는데, 약용으로 무분별하게 채취돼 점점 보기 어려워지고 있어.

마지막으로 소리를 의태하는 녀석을 만나 보자!

왼쪽 동물의 이름은 큰생쥐귀박쥐(*Myotis myotis*)야. 이 박쥐들의 천적은 올빼미야. 큰생쥐귀박쥐는 올빼미를 피하기 위해 말벌 소리를 낸단다.

올빼미가 말벌 소리를 싫어하나요?

나?

글쎄. 말벌에 쏘인 경험이 있는 올빼미에게는 분명히 효과가 있겠지. 이 현상을 처음 발견한 이탈리아 연구팀은 올빼미들이 말벌의 소리가 나는 스피커에서는 대체로 멀리 떨어지고, 먹이 소리가 나면 더 가까이 다가왔다고 보고하고 있어.

포유류인 큰생쥐귀박쥐가 곤충인 말벌을 흉내 내는 사례는 매우 드물고 재미있는 예야. 아마도 박쥐가 수천, 수만 년 동안 살아오면서 적응한 진화의 결과겠지. 진화의 결과로 일어난 의태는 한마디로 정의할 수 없는 다양한 방향으로 일어난다는 것! 이제 알겠지?

개미박사의 생물학 교실

인물 탐구
다윈과 비글호

★ 비글호가 왜 비글호인지 궁금하지?

비글호 동물탐험 대원이라면 최소한 다윈박사님과 비글호에 대해서는 알아겠지?

찰스 다윈 (1809 ~ 1882)

궁금한 거 있으면 이번 기회에 다 물어 봐!

다윈박사님 어릴 때 공부 잘하셨어요?

다윈박사님은 어릴 때부터 숲속과 들판, 냇가를 쏘다니길 즐기며 자연의 모든 것과 친구로 지냈어. 자연 속에서 자신의 마음을 잡아끄는 신기한 생물들과 아버지가 키우던 식물들의 크기, 모양 등을 관찰하고 기록했지. 훗날 이런 취미가 《종의 기원》을 출간하는 데 큰 도움이 됐어.

학교 성적은요?

다윈박사님이 친구나 선생님들 눈에는 별로 똑똑하지 않아 보였을 수 있어. 식물이나 관찰하고 벌레나 잡는 독특한 취미를 가진 아이였으니까. 그러나 어릴 때 자연에서 보낸 시간이 새로운 생각을 할 수 있는 원천이 되었지.

성적이 뭐가 중요하냐!

그렇지만, 의대 출신이셨다고 하던데요?

응, 박사님의 할아버지와 아버지가 다 의사셨거든. 그래서 다윈박사님도 처음에는 에든버러 대학교 의학과에 입학하셨지. 그런데 그 길이 아닌 것 같아서 케임브리지 대학교 신학과에 다시 입학하시기도 했지.

박사님도 방황을 많이 하셨네요. 그런데 어쩌다 생물학자가 되신 거예요?

그건 내가 설명해 줄게. 케임브리지 대학에 갔다가 식물학을 가르치는 헨슬로 교수님과 만나게 됐어. 그리고 그 인연으로 1831년 영국 군함 비글호에 박물학자로 승선했단다. 원래는 2년 예정이었는데, 5년이나 항해를 하게 됐어. 그때 세계 여러 곳을 돌아다니며 생물학 자료를 수집하고 관찰할 수 있었단다. 5년 동안 기록한 2,000쪽의 노트가 그때 만들어진 소중한 내 재산이야.

당시 비글호의 모습

그 노트의 기록이 다윈박사님 진화론의 토대가 되었지.

우리 탐사선이랑 이름이 같은 비글호에 대해 더 얘기해 주세요.

정식 이름은 HMS 비글이야. HMS란 '여왕 폐하의 배(Her Majesty's Ship)'라는 뜻이지. 비글호는 영국이 세계 곳곳에 식민지를 만들고 있던 1831년 남아메리카 근해의 바다 지도를 만들기 위해 74명을 태우고 영국을 출발한 배야. 측량과 과학 연구가 그 목적이었어. 유럽 사람들이 이전에는 가 보지 못했던 먼 바다와 대륙을 향해 떠난 탐험선이었지. 다윈박사님은 비글호를 타고 영국 플리머스 항에서 출발하여 남아메리카, 태평양, 오스트레일리아, 아프리카, 대서양 등 세계 곳곳을 방문했지.

비글호에서 돌아와서 바로 《종의 기원》을 발표하신 거예요?

아니야. 거의 20년 동안 다듬어서 1859년에 출판했어. 진화론은 이전에 없던 새로운 이론이라 많은 자료 조사와 고민이 필요했지. 그 과정에서 세계 곳곳의 다양한 사람들의 도움도 많이 받았고.

갈라파고스섬에 다윈 연구소가 있다던데, 고향도 아니고, 왜 거기에 있어요?

또 설명할 기회가 있을 거다. 오늘은 여기까지. 안녕!

까치가 트리 하우스를 지킬 수 있을 만큼 똑똑할까?

21쪽

까치는 주변에서 흔히 볼 수 있는 텃새로 지능이 높다. 까치가 울면 반가운 손님이 온다는 속담이 있다. 까치는 사람의 얼굴을 알아보기 때문에 낯선 사람이 오면 경계하느라 시끄럽게 울기 때문에 생긴 말일 것이다. 실제로 서울대 까치 연구팀 중 지속적으로 까치 새끼를 꺼내는 역할을 하던 연구원은 까치들의 경계 대상이 돼 공격을 받았다고 한다. 심지어 그 연구원과 다른 연구원이 똑같은 옷을 입고 나타나도 새끼를 꺼내던 연구원만 따라다니며 경계를 했다고 하니, 까치가 사람을 정확히 알아보는 능력이 있음은 분명하다. 이 정도면 핀이 트리 하우스를 지키는 건 가능한 일이다.

한편 까치 같은 야생동물은 자연에서 살아야 한다. 야생동물을 집에서 키우면 부적절한 환경 때문에 오히려 동물에게 안 좋은 경우가 많다. 한번 사람과 친해진 동물은 야생에서의 먹이 사냥법이나 동료들과의 교류 방법을 잊게 돼 다시 야생으로 돌아

"난 사람 얼굴도 기억해."

가기 힘들다. 때문에 집에서 키우는 것에 대해서는 매우 신중해야 한다. 다만, 와니의 핀처럼 둥지에서 떨어진 후 어미가 보호를 포기한다면 충분한 시간 동안 멀리서 지켜본 후 구조할 수 있다. 야생동물은 야생에서 살아야 하며, 어린 야생동물에게는 사람보다 어미의 보살핌이 중요하다는 것을 기억하자.

67쪽 비글호가 씨앗의 모양을 흉내 낸 것이라던데?

비글호의 모양은 단풍나무 씨앗을 의태한 것이다. 단풍나무 씨앗에는 3~4센티미터 길이의 날개가 달려 있다. 곤충의 날개를 닮은 이 날개는 바람만 잘 타면 수십 미터의 꽤 먼 거리까지 날 수 있어서, 단풍나무 씨앗을 멀리 퍼트리는 데 큰 역할을 한다. 어떤 화석 연료나 기계 장치도 없이 우아하게 멀리 날아갈 수 있는 단풍나무 씨앗을 흉내 내서 설계된 비글호의 모양은 제로 웨이스트 시스템에 최적화된 것이라고 할 수 있다.

내가 비글호 모델!

74쪽 제로 웨이스트 시스템이란?

제로 웨이스트(zero waste)는 폐기물이나 쓰레기가 발생하지 않는다는 뜻으로 환경을 보호하기 위해 쓰레기 배출량을 줄이는 캠페인에서 유래한 말이다. 이를 위해 사람들은 다회용기, 에코백, 다회용 빨대 등을 사용하여 비닐이나 포장 용기 등 일회용품의 사용을 줄이기 위해 노력하고 있다. 비글호의 제로 웨이스트 시스템은 화석연료 대신 똥, 태양열, 풍력 등 친환경 에너지를 사용하고, 똥을 이용한 식수 등 친환경적인 식생활을 통해 환경오염을 최소화하기 위해 고안된 것이다.

똥을 에너지원으로 쓸 수 있을까?

78쪽

가축의 똥과 오줌은 농작물을 키우는 데 필요한 비료나 퇴비로 많이 사용되고 있다. 아프리카 케냐에서는 코끼리 배설물에 섬유질이 많다는 점을 이용해 '똥 종이'를 만들어 팔기도 한다. 이 코끼리들은 하루에 100~200킬로그램의 똥을 싼다고 하니 엄청난 자원이다. 똥은 지저분하고 쓸모없는 존재가 아니다.

영국에서는 세계 최초로 똥을 에너지원으로 하는 '똥 버스'를 운행하고 있다. 똥 버스를 움직이게 하는 에너지원은 정확하게는 똥에서 발생하는 메탄가스다. 똥에는 다량의 물과 메탄가스가 포함돼 있다. 메탄은 천연가스(LNG)의 주성분이기도 하다.

따라서 동물의 똥은 화석 연료를 대체할 수 있는 바이오 에너지이며, 비글호가 똥을 연료로 사용하는 것도 가능하다. 다만, 실제로 비글호처럼 커다란 비행 물체를 움직이려면, 네 명의 선원이 수집한 똥으로는 턱도 없고, 엄청난 양의 똥이 필요하다.

똥으로 식수와 사탕을 만들 수 있는 것일까?

86쪽

메탄(CH_4)은 동물의 똥, 트림, 방귀를 통해 많이 배출된다. 지구 온난화의 주범 가운데 하나다. 메탄을 태우면 이산화탄소(CO_2)와 물(H_2O)로 변화된다. 메탄을 이산화탄소로 바꾸는 것만으로도 지구 온난화를 완화시킬 수 있다. 비글호는 이때 나온 물을 식수로 사용한다. 하지만 비글호는 여기서 한발 더 나아가 이산화탄소와 물에 태양 에너지를 결합해서 포도당($C_6H_{12}O_6$)과 산소(O_2)를 만들어 낸다(광합성). 포도당은 인체의 에너지원이며, 산소는 다시 메탄을 태우는 데 사용된다. 비글호는 똥을 정말이지 버리는 거 하나 없이 완벽하게 재활용한다. 물론 동화 속에서 가능한 이야기다.

87쪽 벌레를 먹어도 괜찮은 걸까?

실제로 벌레는 미래 식량 자원으로 많은 관심을 받고 있다. 한국 식약처에서는 귀뚜라미, 누에, 번데기, 메뚜기, 굼벵이, 밀웜, 수벌 번데기 등의 식용 곤충을 식품 원료로 인정하고 있다. 편의점에서 파는 번데기 통조림도 식용 곤충의 일종으로 볼 수 있다. 식용 곤충은 생산 효율성이 높고, 친환경적이며, 단백질 함량이 매우 높다는 점 등 장점이 많다. 그러나 곤충의 생김새 때문에 먹기를 꺼리는 사람이 많아서 아직 인기가 많지 않고, 동물 사료나 비료의 대안으로 쓰일 가능성도 높다.

나는 밀웜.

103쪽 다윈박사님은 박사학위가 있을까?

다윈은 현대 생물학에 가장 지대한 영향을 끼친 학자 중 한 명이다. 그래서 박사라고 부르는 것이 자연스럽다. 그러나 실제로 다윈이 박사학위를 따지 않았다는 것은 상식으로 알아 두자. 찰스 다윈은 비록 학위는 없지만, 수백 명의 박사들을 합친 것보다 큰 업적을 남겼다고 할 수 있다.

최재천

평생 자연을 관찰해 온 생태학자이자 동물행동학자. 서울대학교에서 동물학을 전공하고 미국 펜실베이니아주립대학교에서 생태학 석사학위를, 하버드대학교에서 생물학 박사학위를 받았다. 10여 년간 중남미 열대를 누비며 동물의 생태를 탐구한 뒤, 한국으로 돌아와 자연과학과 인문학의 경계를 넘나들며 생명에 대한 지식과 사랑을 널리 나누고 실천해 왔다.

서울대학교 생명과학부 교수, 환경운동연합 공동대표, 한국생태학회장, 국립생태원 초대원장 등을 지냈다. 현재 이화여자대학교 에코과학부 석좌교수로 재직 중이며 생명다양성재단의 이사장을 맡고 있다. 《개미제국의 발견》, 《생명이 있는 것은 다 아름답다》, 《다윈 지능》, 《열대예찬》, 《최재천의 인간과 동물》, 《과학자의 서재》, 《생태적 전환, 슬기로운 지구 생활을 위하여》 등을 썼다. 2019년 총괄편집장으로서 세계 동물행동학자 500여 명을 이끌고 《동물행동학 백과사전》을 편찬했다. 2020년 유튜브 채널 〈최재천의 아마존〉을 개설해 자연과 인간 생태계에 대한 폭넓은 이야기를 전하고 있다.

대학에서 불문학과 영화시나리오를 공부했다. 도서, 만화, 영상, 캐릭터 등 다양한 콘텐츠 분야에서 스토리텔러와 작가로 활동했다. 고양이 넷, 뚱뚱한 닥스훈트 하나, 거북이 둘과 초록이 가득한 곳에서 느긋하게 산다. 지은 책으로 《올빼미 시간탐험대》 시리즈와 《열두 살의 임진왜란》 등이 있고, 번역한 책으로는 《무슈장》, 《만월》, 《국가의 탄생》 등이 있다.

제주 출생. 대학에서 산업디자인을 전공했다. 오래도록 애니메이션 업계에서 일했다. 극장용 장편애니메이션 〈마당을 나온 암탉〉, 〈언더독〉에서 미술 조감독으로 일했다. 어릴 적 꿈은 화가, 권법소녀, 로빈슨 크루소였고 요즘에는 만화가로 살고 있다. 언젠가는 직접 손으로 오두막집을 짓고 닭을 키우며 살기를 꿈꾸고 있다. 좋아하는 것은 만화, 고양이, 노래, 도서관, 뜨개질, 트레킹, 떡볶이. 직접 쓰고 그린 책으로는 환경 만화 《멋진 지구인이 될 거야 1, 2》가 있다.

식물 생태와 에코 과학(융합 과학)을 전공하고 생명다양성재단 사무차장/책임연구원과 이화여대 에코과학부 연구원으로 일하고 있다. 아홉 살 아들과 열다섯 살 시츄, 국립공원에서 일하는 남편과 백봉산 아래 자연과 친구 삼아 살고 있다. 과학을 대중들에게 쉽게 전달하기 위해 생활식물생태학, 바닥식물원 등 강연과 전시 활동을 지속하고 있다.

최재천의 동물대탐험
❶ 비글호의 푸른 유령

초판 1쇄 발행 2022년 11월 2일
초판 6쇄 발행 2025년 5월 7일

기획 최재천 글 황혜영 그림 박현미 해설 안선영
펴낸이 김선식

부사장 김은영
어린이사업부총괄이사 이유남
책임편집 이현정 디자인 남정임 책임마케터 안호성
어린이콘텐츠사업5팀장 이현정 어린이콘텐츠사업5팀 조문경 마정훈 강민영 조현진
어린이마케팅본부장 최민용
어린이마케팅1팀 안호성 김희연 이예주 어린이마케팅2팀 최다은 신지수 심가윤
기획마케팅팀 류승은 박상준 미디어홍보본부장 정명찬
편집관리팀 조세현 김호주 백설희 저작권팀 성민경 이슬 윤제희
재무관리팀 하미선 임혜정 이슬기 김주영 오지수
인사총무팀 강미숙 이정환 김혜진 황종원
제작관리팀 이소현 김소영 김진경 최완규 이지우
물류관리팀 김형기 김선진 주정훈 양문현 채원석 박재연 이준희 이민운

펴낸곳 다산북스 출판등록 2005년 12월 23일 제313-2005-00277호
주소 경기도 파주시 회동길 490 전화 02-704-1724 팩스 02-703-2219
다산어린이 공식 카페 cafe.naver.com/dasankids 다산어린이 공식 블로그 blog.naver.com/stdasan
종이 스마일몬스터 인쇄 북토리 후가공 평창피엔지 제본 대원바인더리
사진 www.shutterstock.com

ⓒ최재천 · 황혜영 · 박현미 · 안선영, 2022
ISBN 979-11-306-9426-9 74470 979-11-306-9425-2 (세트)

• 책값은 뒤표지에 있습니다.
• 파본은 본사 또는 구입한 서점에서 교환해 드립니다.
• KC마크는 이 제품이 공통안전기준에 적합하였음을 의미합니다.
• 아이들이 책을 입에 대거나 모서리에 다치지 않게 주의하세요.

다산어린이 공식 카페

책을 더 재미있게, 책을 더 오래 기억하는 방법
다산어린이 공식 카페에는 다양한 독서 활동 자료가 있습니다.
자료를 활용하여 아이들의 독서 흥미를 더욱 키워 주세요.